知的財産

知的財産権

Intellectual property

知的財産戦略

前特許庁長官
羽藤秀雄
――著

同文舘出版

はじめに

私たちの日常社会生活や経済産業活動が安全で豊かなものへと今日まで発展と成長を遂げてきた背景には、発明、デザイン、ブランド、著作物などのさまざまな数多くの知的財産の貢献があります。

戦略という言葉がつかわれていたかどうかは別としても、知的財産を上手につかいながら、製品、サービス、アート作品などが生み出され、普及し、新たな創作や信用をもたらしてきたのです。

知的財産や知的財産戦略という言葉そのものはメディアなどのいろいろな場面で取り上げられていますが、経済産業省、特許庁をはじめ国の行政において知的財産や技術開発を担当した筆者の経験では、知的財産や知的財産権の制度や仕組みとなると、実務や専門の方の領域であって馴染みにくいものと受け止められがちであるように思います。知的財産戦略というと、さらに立ち入りにくいという印象があるのではないでしょうか。

しかし、グローバルな市場や技術の発展と普及の中で、創作や信用という知的財産の果たしている価値と役割は、日常社会生活や経済産業活動にとっての重要性をますます高めています。

とりわけ、創作や信用は、日本の国と国民にとっての貴重な資産といえます。

例えば、半世紀ぶりの国産旅客ジェット機が試験飛行の実施を待たずして外国の航空会社からの納入を受注できたことや、お家芸といわれる「おもてなし」に外国からの観光客の高い評価が寄せられることも、それぞれの立場の関係者の努力があることはもちろんですが、日本の技術、ものづくり、サービスなどの質の高さや実績が培ってきたブランドと信頼、すなわち、創作や信用があるからこそ、ということができるのではないでしょうか。

このような創作や信用という貴重な日本の資産である知的財産を、さまざまな方々が、それぞれの事業活動、研究活動、創作活動で積極的に活かして、それらの価値を具体化し、さらに高めてくださることを筆者は切に願っています。

このような観点から、本書では、知的財産、知的財産権、知的財産戦略とはどのようなものか、ということについて、少しでも多くの方々にご理解いただけるように解説することを試みました。

本書の構成をご紹介します。

まず、第1章では、そもそも知的財産とは何か、知的財産権の仕組みや機能はどのようなものか、知的財産の創造・利用・保護の考え方はどのようなものか、ということについて述べます。

次に、第2章では、世界と日本における成立ちや歩みを振り返りながら、最近の重要な進展としてのＴＰＰ協定（環太平洋パートナーシップ協定）も含めて、グローバルな視点から知的財産制度の整備と発展について述べます。

そして、第3章では、数字や実例を引用しながら、知的財産に関する日本の企業の活動を中心に、その現状と課題について述べます。

その上で、第4章では、知的財産についての具体的な事例を紹介しながら、技術、市場、制度などのグローバルな環境の変化の中で、知的財産を事業活動、研究活動、創作活動に活かしていくための鍵について述べます。

全体を通じて心がけた視点は、日本の知的財産の活動や知的財産制度をグローバルな市場のもとでとらえようとしたことです。

もちろん、知的財産制度は、それぞれの国で独立して成り立っている「一国一制度」ですし、第1章の内容は、日本の制度に即したものですが、日本も世界の各国もグローバルな市場のもとでそれぞれの制度が発展と改善を遂げてきたことは第2章のとおりです。第3章と第4章に登場する具体的な取組みの事例を参照しながら、グローバルな市場のもとで相互の関係を深めつつある知的財産制度を身近なものに感じていただいて、事業活動、研究活動、創作活動に知的財産を活かしてくださることを大いに期待しています。

なお、本書は、あくまでも知的財産、知的財産権、知的財産戦略の概説書を目指したので、実務や専門の視点からの分析や考察にはほとんど入り込んでいません。あるいは、その点で物足りなさを感じられる方があるかもしれませんが、その場合には、末尾に掲げた参考文献を繙いたりしてくださされば幸いです。

最後になりますが、本書の刊行にあたっては、株式会社国際社会経済研究所の代表取締役社長鈴木均氏の多大なるお力添えをいただきました。この場をお借りして、心からの感謝を申し上げます。

また、同文舘出版株式会社の代表取締役中島治久氏、専門書編集部青柳裕之氏から微に入り細にわたるご配慮をいただきました。ここに、重ねて厚く御礼を申し上げます。

平成28年6月

目次

第1章　知的財産の創造・利用・保護

第2章　知的財産制度の歩み

第3章 グローバル市場での知的財産活動

第4章　日本の知的財産活動の展望

第1章

知的財産の創造・利用・保護

1　知的財産を巡る制度

知的財産とは

まず、知的財産や知的財産権とは何か、ということについて述べます。

知的財産は、発明、デザイン、ブランド、著作物など幅広い分野に及んでいます。

法律上、知的財産とは、次の3つの類型から成り立つものとして定義されています（知的財産基本法第2条第1項）。

第一の類型が「発明、考案、植物の新品種、意匠、著作物その他の人間の創造的活動により生み出されるもの（発見又は解明がされた自然の法則又は現象であって、産業上の利用可能性があるものを含む）」です。

第二の類型が「商標、商号その他事業活動に用いられる商品又は役務を表示するもの」です。

第三の類型が「営業秘密その他の事業活動に有用な技術上又は営業上の情報」です。

この法律上の定義をみると、知的財産基本法という法律の成立が2002年（平成14年）と比較的に最近のことであって、その成立のときまでに日常社会生活や経済産業活動で具体化された知的財産の個別の制度などが反映されて一般的な定義が導かれている、と理解することができます。

この法律上の定義に照らしながら、改めてひとことで知的財産のことを表すと、ものや情報の価値を高めている知的な創作や信用、ということができます。

知的財産権とは

法律上、知的財産権とは、知的財産のうち「法令により定められた権利又は法律上保護される利益に係る権利」と定義されています（知的財産基本法第2条第2項）。

すなわち、発明という知的財産については特許に関する特許法があるように、それぞれの知的財産ごとに、個別の法律によって、知的財産権としての権利の取得の手続、権利の機能、権利者の保護などが定められているものがあります。また、不正競争防止法のように、不正な侵害行為を規制することによって知的財産が保護されているものもあります。

このように、知的財産権は、法律に基づいて定められ、あるいは、保護される権利として、各国の法律に基づいてそれぞれの制度が形づくられています。権利として各国ごとに独立して成立するものであり、それぞれの国で効力をもつものです。このことを「独立の原則」ということがあります。また、各国ごとに主権が及ぶ領域において権利として認められることに着目して「属地主義の原則」ということがあります。

したがって、原則として、同じ内容の知的財産について、例えば、A国とB国とで知的財産権を取得したい場合には、A国とB国でのそれぞれの法律や制度に即して、それぞれ権利を取得する必要があります。また、同じ内容の知的財産であっても、権利の登録のために審査を経ることが必要な国もあれば、審査が行われずに権利が登録される国もあります。審査が行われる場合でも、審査基準などが異なるために、X国では権利として認められたのに、Y国では認められなかったということが生じることもあります。

一方で、知的な創作や信用という知的財産は、形をもってはいませんので、工業製品や農林水産品などと比べて容易に国境を越えてグローバルな市場で広がり得るものです。模倣品や海賊版も発生しやすいものです。

そこで、知的財産が実際に国境を越えて広がり、その保護の必要性もまた国境を越えることに対応して、2つの動きが生まれてきました。

1つは、国際的な保護の仕組みや水準に照らしながら、各国でそれぞれの知的財産制度そのものの整備や改善を進めていこうという動きです。

もう1つは、各国ごとに形づくられている知的財産制度について、権利の取得や保護のための手続を中心に、共通化や統一化のための国際的な制度や仕組みをつくろうという動きです。

これらの動きは、各国のそれぞれの主権を尊重しながら、二国間や多国間の協議や協力、国際条約、

ＷＩＰＯ（World Intellectual Property Organization：世界知的所有権機関）などの取組みを通じて、それぞれ具体化が進んでいます。

知的財産権の種類

知的財産が幅広い分野に及んでいることに対応して、知的財産権にはいろいろなものがあります。例えば、知的財産の第一の類型に関していえば、発明についての特許（特許法）の他に、考案についての実用新案（実用新案法）、デザインについての意匠（意匠法）、著作物についての著作権（著作権法）、というふうに、法律上の権利としての知的財産権が定められています。

また、半導体の集積回路や植物の新品種についても、個別の法律によって、回路配置利用権（半導体集積回路の回路設置に関する法律）や種苗育成者権（種苗法）という知的財産権が定められています。それぞれ、登録の手続を経ることにより創作が保護されています。

第二の類型に関する知的財産権としては、ブランドについての商標（商標法）の他に、会社の名前や屋号についての商号権が商法や会社法によって定められています。

また、長年にわたってつかわれたり、広く宣伝されたりすることによってよく知られた商品の表示や形態について、不正競争防止法による保護が認められています。ぶどう酒（ワイン）・蒸留酒（スピリッツ）や農林水産品の表示については、産品の品質や評価が産地と結びついている場合には、酒税の保全及び酒類業組合等に関する法律（酒団法）や特定農林水産物等の名称の保護に関する法律（地理的表示法）による保護が認められています。

そして、第三の類型に関する知的財産権としては、事業活動に有用な情報であり秘密として管理されているもの（営業秘密）などについて、不正競争防止法による保護が認められています。

さらに、例えば、著名人の名前や肖像を営業的に利用することについて、パブリシティ権が知的財産権として認められています。これは、個別の法律に拠ることなく、判例上、保護される利益とされている知的財産権の例です。

知的財産権のうち、特許、実用新案、意匠および商標の４つは産業財産権と総称されています。従来は、条約でつかわれている用語（Industrial Property）の訳としての工業所有権という言葉が用いられてきましたが、国の政策の展開の中で打ち出された「知的財産戦略大綱」（２００２年７月）で

参考１　知的財産と知的財産権

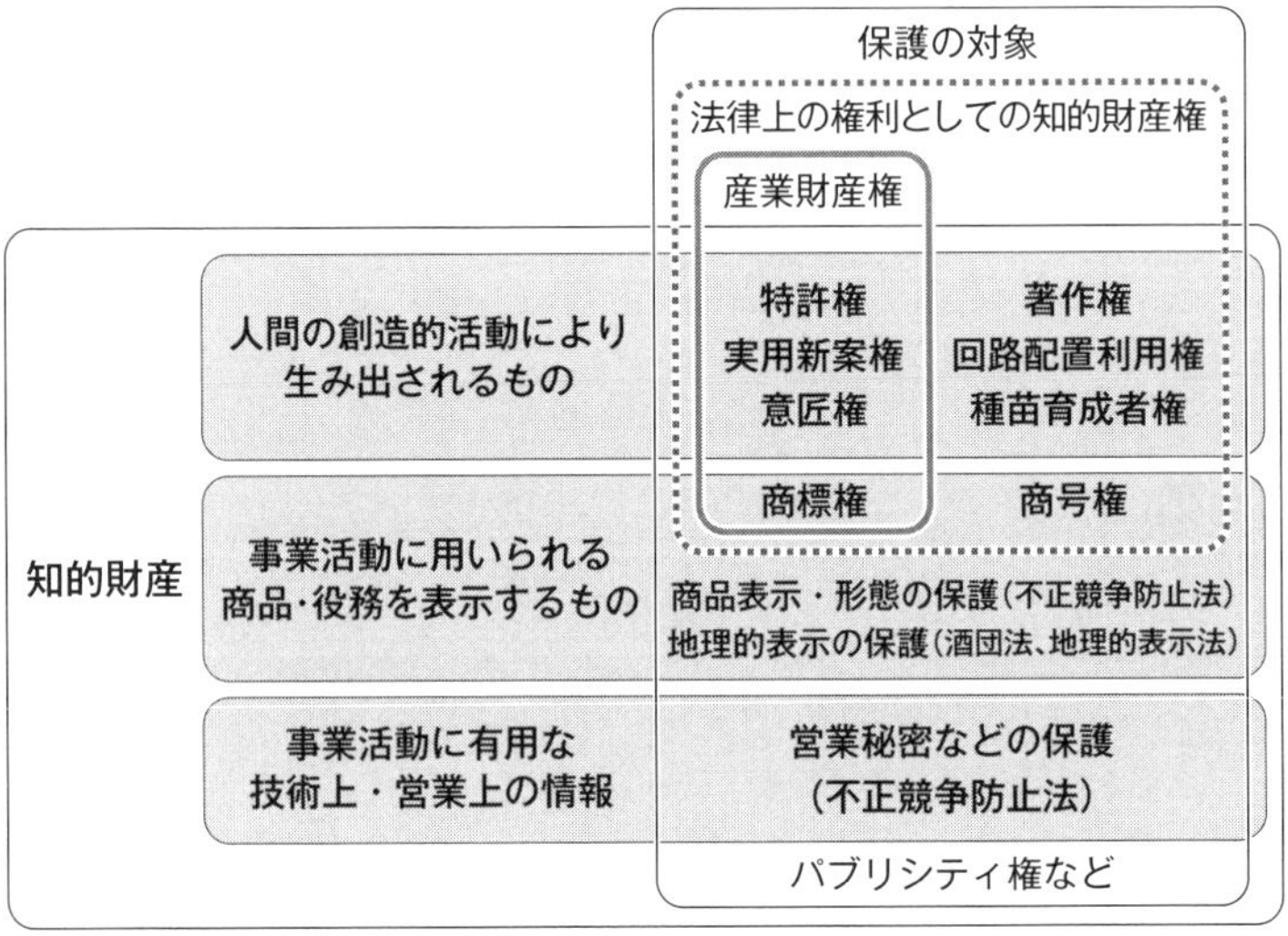

産業財産権という言葉を用いることがうたわれました。

なお、産業財産権については、特許庁がそれらの行政事務を担当しています。

参考1は、以上に述べた知的財産と知的財産権の関係について整理したものです。

知的財産権の性格・機能

知的財産権は、知的財産に対する財産権です。

排他的独占性があるという点で、民法の所有権に類似しており、知的財産権のことを知的所有権ということもあります。

また、権利の対象（客体）である知的財産が形をもたない（無形資産、無体物）という意味で、無体財産権ということもあります。

では、どのような目的のもとで知的財産権という権利が認められているのでしょうか。

知的財産は、価値をもってはいますが、形はもってはいません。したがって、ひとたび利用されたとしても、なくなってしまうわけではありません。創作者以外の者が複数であったとしても同時に容易に入手したり、模倣したりすることもできます。

そこで、創作者による知的な創作や信用を保護するために、知的財産権が権利として認められているのです。

権利として認められた知的財産権は、それぞれの利用と保護の場面で、法律で定められた機能を発揮し得ることとなります。

利用については、まず、創作者は、知的財産権を自ら利用して自分の製品やサービスなどの製造や販売などを有利に行うことができます。このことを排他的独占性に拠る自己実施といいます。

また、契約によって他者に知的財産権の利用を認めることがあります（実施・使用の許諾：ライセンス）。私的財産権の利用についての契約料や権利の使用料としてライセンス料（ライセンス・フィー）やロイヤリティを利用者から得て有料で認める場合（有償ライセンス）もあれば、無料で認める場合（無償ライセンス）もあります。

さらに、一般の財産権と同じように、売買や譲渡によって他者に知的財産権の権利自体を移転してしまうこともあります。なお、質権のように担保権の対象とすることも可能です。

参考２　権利としての機能（例）

権利の機能 ＝ 特許法など 各法律の規定	利用	排他的独占性に拠る自己実施	
		実施・使用の許諾（ライセンス）	
		権利の移転	
	保護	刑事罰	犯罪行為としての罰則
		民事上の救済措置	損害賠償請求 差止請求 不当利得返還請求 名誉・信用回復請求

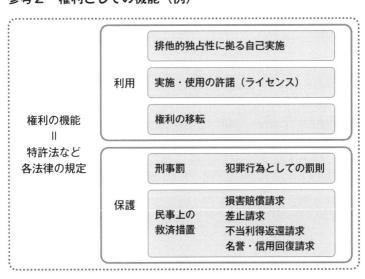

保護については、知的財産権の権利者以外の他者が権利者に無断で知的財産権を利用した場合には、原則として権利を侵害したことになります。このような侵害から知的財産権を保護するために、民事上の救済措置と刑事罰があります。

民事上の救済措置については、例えば、特許についていうと、侵害があった場合、特許権者は侵害した者に対して損害賠償を求めること（損害賠償請求）や侵害の停止や将来における侵害の予防を請求すること（差止請求）ができます。

さらに、侵害によって侵害した者が不当に得た利益の返還を請求すること（不当利得返還請求）や特許権者の業務上の信用が侵害によって害されたときに信用の回復のために謝罪広告の掲載など必要な措置を求めること（名誉・信用回復請求）ができます。

刑事罰については、例えば、特許を侵害した者は、10年以下の懲役若しくは1000万円以下の罰金に処し、またはこれらが併科されることが定められています（特許法第196条）。

それぞれの知的財産権による違いはあるものの、参考2は、知的財産権の利用と保護についての機能を例示したものです。

知的財産権と排他的独占性

知的財産権の排他的独占性について補足します。

排他的独占性は、独占的排他性や独占的排他権、ともいわれます。また、知的財産権の創作者には排他的独占権が与えられる、と説明されることもあります。

排他的独占性とは、創作者以外の他者の利用を排除でき（排他性）、創作者だけが自由に利用や処分をすることができる（独占性）、ということです。

排他的独占性は、知的財産権が権利として存続する一定の期間（存続期間、保護期間）において認められるものです。したがって、権利の存続期間が経過すると、排他的独占性も働かなくなります。権利の存続期間が経過した知的財産権は「パブリック・ドメインにある」、ということがあります。

排他的独占性の具体的な内容については、それぞれの知的財産権ごとに異なっています。

例えば、特許、実用新案、意匠、商標、種苗育成者権については「絶対的な排他的独占性」ということがあります。

特許についていうと、特許は、発明と同時に権利が生まれるわけではありません。出願や審査などの一定の手続を経て登録されることによって権利が認められることとされています。したがって、同じ内容の発明が別々になされた場合、特許権者以外の他者は、たとえ特許権者よりも先に発明していたとしても、手続をとっていなければ原則としてその発明を活かすことができなくなります。このように、同じ内容に対して権利者の支配が排他的に及ぶ、ということを「絶対的」ととらえています。

一方、例えば、著作権、回路配置利用権、商号権については「相対的な排他的独占性」ということがあります。

著作権についていうと、著作権は、著作物の創作と同時に生まれることとされています。したがって、同じ内容の著作物が別々に創作された場合、それぞれに著作権が発生することになります。模倣や盗用がなく、自分の著作物を利用する限り、相互に著作権の侵害にはならないとされています。「相対的」というのは、同じ内容であっても他者が独自に創作したものに対しては権利者の支配が及ばない、という意味です。

知的財産権と公開

また、知的財産権には、その内容が公開される、という特徴があります。

一定期間の排他的独占権が与えられることの代償や引換えとして、創作者には知的財産権の内容の公開が求められる、ともいわれます。

公開の目的については、創作や信用を尊重するとともに、知的財産権の活用や新たな創作を促し、同じ内容の発明についての費用や労力に対する重複の投資を避け、誤解や混乱から信用を維持するために、権利の内容が公開される、ととらえることができます。

権利の公開は、それぞれの知的財産権ごとに異なっています。

例えば、発明については、出願をした日から1年6か月を経過したときに公開公報によって、審査を経て特許が認められて登録したときに特許公報によって、それぞれの時点でその内容が公開されます。ブランドについても、出願をしたとき、審査を経て商標として登録したときに、それぞれ公報によって公開されます。

著作物については、著作物の創作と同時に著作権が生まれることとされていますので、創作者の内心から表現されたときに、その内容は創作者以外の他者によって認識できる状態に置かれることになります。

なお、公開の目的の1つは、知的財産権の活用や新たな創作を促す、ということにありますが、その一方で、例えば、特許については、出願や権利の公開によって技術に関する情報が言語の壁を超えてグローバルな市場で迅速に広がり、競争相手にタダ同然で技術を学び取る機会を与えることになってしまいます。その結果として、日本の事業活動や研究活動に大きな損失や影響をもたらすことになる、というリスクもあります。

参考3　公開・公表の影響（例）

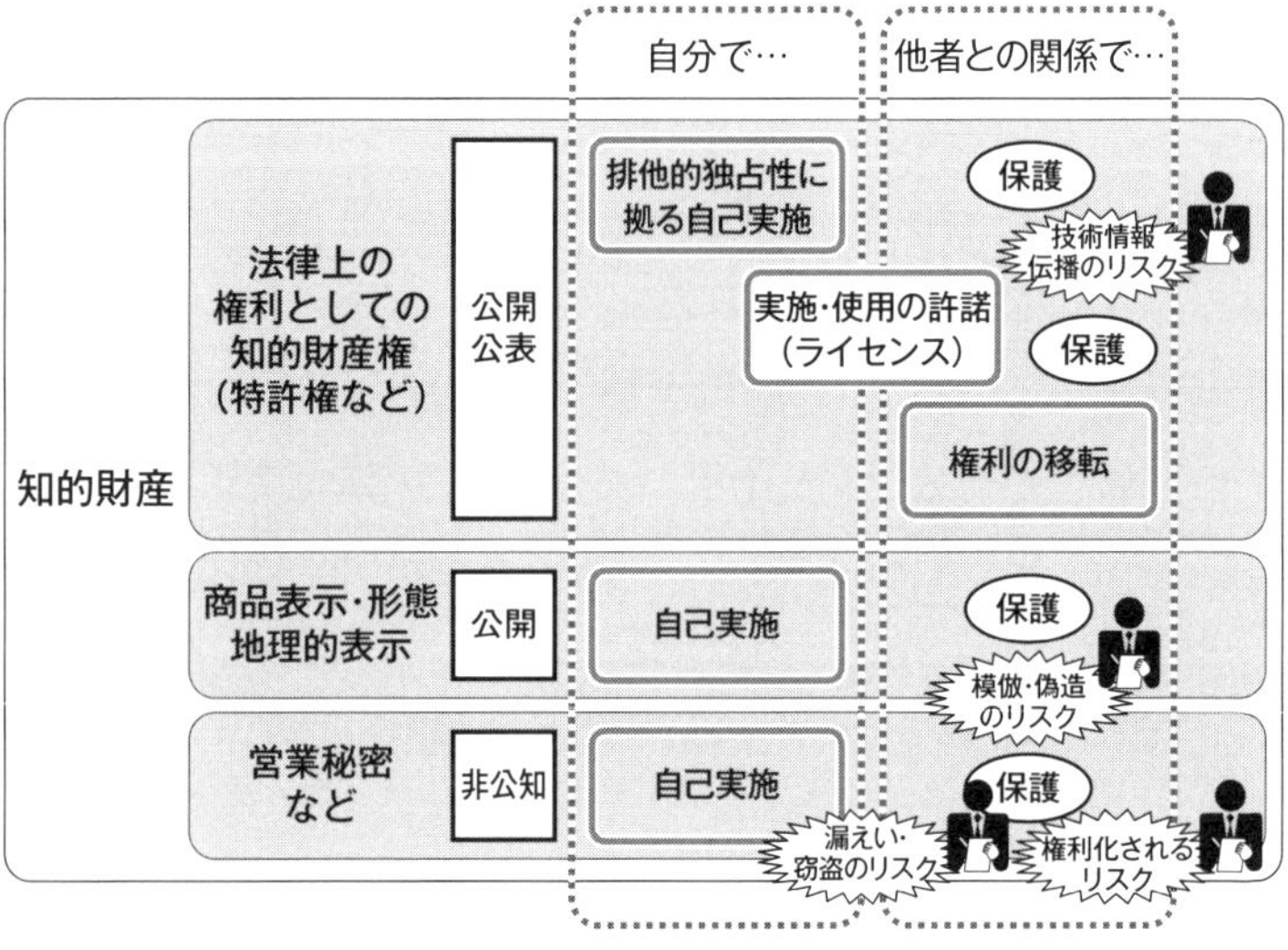

実際に、日本のエレクトロニクス産業が国際競争力を失っていった理由の1つとして、数多くの特許を日本の国内で出願しながらも外国での出願が少なかったという実情が挙げられます。それとともに、出願や権利の公開という制度上の特徴によって競争相手が技術情報を容易に得ることができた、と指摘されることがあります。

知的財産の利用や保護のあり方を考える上では、参考3で示したように、排他的独占性と公開という制度上の特徴も考慮に入れる必要があります。

営業秘密

一方、公開されない知的財産があります。

事業活動や研究活動においては、権利として出願をされずに秘密として管理される有用な情報が少なくありません。

このような情報を営業秘密と総称しています。

営業秘密は、冒頭でふれた知的財産の定義のうちの第三の類型である「事業活動に有用な技術上又は営業上の情報」の代表例として位置づけられているものです。

法律上、営業秘密とは「秘密として管理されている生産方法、販売方法その他の事業活動に有用な技術上又は営業上の情報であって、公然と知られていないもの」と定義されています（不正競争防止法第2条第6項)。

すなわち、企業の内部での秘密といってもさまざまなものがありますが、営業秘密として法律上の保護が認められるためには、①秘密としてしっかりと管理すること(秘密管理性)、②事業活動につかうことができる価値があること(有用性)、③公然と知られていないこと(非公知性)、という3つの要件を満たすことが必要です。例えば、秘密管理性という要件を満たすためには、秘密管理規程をつくって企業の内部での周知徹底を図るなど、管理体制を整えることが必要です。

営業秘密を不正に取得し、使用し、開示するといった侵害行為について、不正競争防止法は、これらの侵害行為を止めさせたり、損害が生じた場合の賠償を求めたり、侵害した者に刑事罰を科すことを定めています。このような侵害を容認することは、市場での公正な競争を妨げることになるので、不正な競争を禁じるという観点から不正競争防止法による民事上の救済措置と刑事罰の対象にしているのです。

この保護は、1990(平成2)年に不正競争防止法が改正されて法律上位置づけられました。その当時の背景として、TRIPs協定(知的財産権の貿易関連の側面に関する協定)の成立に向けた交渉が行われていたことが指摘されています(後掲の第2章3「TRIPs協定」参照)。TRIPs協定にはトレード・シークレット(Trade Secret)といわれる営業秘密についての保護も盛り込まれていたので、日本としては営業秘密について法律上の保護を明らかにしておくことが重要であるという判断があったといわれています。

日本の産業界においても、営業秘密として管理する動きは着実に広がりつつあります。例えば、医薬品や化学は、他の産業と比べて、発明がなされたので出願をするという傾向が強い分野です。これらの分野についても、特許庁が日本の出願人の協力を得て毎年行っているアンケート調査（「知的財産活動調査」）によると、営業秘密として管理することとした件数が発明の全体の件数に占めるウェイトは、２０１３（平成25）年には5年前（２００８年）の2倍以上の水準になっていることがわかります。

営業秘密を巡っては、例えば、高機能鋼板の製造プロセスに関する技術、フラッシュメモリに関する技術など、基幹的な技術の漏えいに関する紛争事例もみられます。

日本の産業界からは、企業自らが営業秘密の漏えいを防止するように対策を強化するとともに、営業秘密の侵害に対する抑止力として、民事と刑事の両面での法律上の措置の強化の必要性が強く指摘されてきました。

このような背景のもと、２０１５（平成27）年7月には不正競争防止法が改正され、営業秘密の保護が強化されました。事業活動や研究活動にとっての環境の整備として、このような制度の強化は非常に重要といえます。

また、特許庁では、営業秘密としての保護を含めた知的財産の活用のあり方、営業秘密の管理の方法、漏えいや流出などに関する相談に応じることを目的として、工業所有権情報・研修館（ＩＮＰＩＴ）と協力して「営業秘密・知的財産戦略相談窓口」（「営業秘密１１０番」）を２０１４（平成26）年２月に設置しました（後掲の第４章３「中小企業への支援」参照）。

さらに、特許庁では、企業が知的財産を巡る紛争事案で自身の技術や発明の時期を証明するためにつかえるように、営業秘密の発生の時期を認証する仕組みをつくることとしています。工業所有権情報・研修館で２０１６（平成28）年度末から運用することとしているタイムスタンプ保管サービスです。営業秘密などを記した電子文書について、受け付けた時期を示すスタンプを刻印して暗号化し、保管するというものです。このような仕組みの活用は、漏えいや侵害に関する紛争などでの立証の負担の軽減にもつながるものです。

このように、制度や仕組みの整備も進みつつありますが、デジタル化、ネットワーク化、情報通信技術も進展しつつあ

参考４　技術情報の流出の可能性

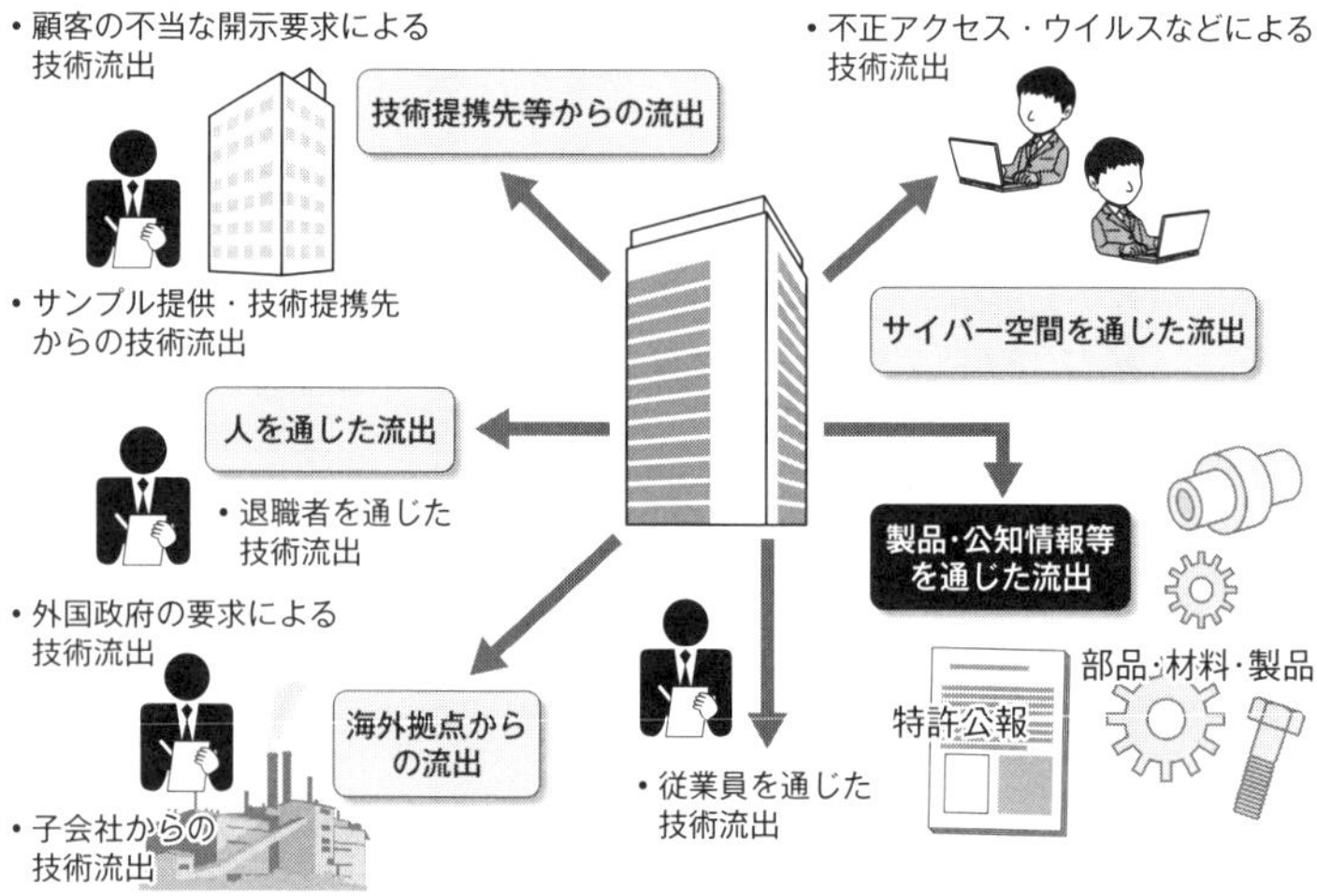

（出典）経済産業省 産業構造審議会 知的財産分科会（第３回）資料に筆者加筆

ります。グローバルな事業活動の展開の中で営業秘密の保護のあり方を考える上では、さまざまな形で技術情報などが外部に流出する可能性があることを改めて踏まえることが必要です（参考4）。

企業の内部での管理体制のあり方、グローバルな市場での事業活動や研究活動を担う人材の処遇のあり方などを再点検し、改善をしていくことが重要な課題といえます。

紛争解決・救済と司法制度

知的財産権の機能を実際に支えているのが紛争解決や救済に関する制度です。

まず、当事者の間の協議や交渉では解決できない紛争事案については、司法手続に拠らない制度としての調停や仲裁があります。

調停や仲裁の機能を果たしている組織の代表例が日本知的財産仲裁センターです。

裁判に拠るよりも、比較的に簡易な手続ですし、早期に解決できることがあります。裁判とは異なって公開の原則が当てはまりませんので、当事者が第三者には秘密にして解決したい場合に向いている、といわれています。十分に活用されていない実情にはありますが、情報の提供などを通じて、その活動についての理解と認識が広がり、機能を発揮していくことが期待されています。

また、産業財産権には特許庁による判定制度があります。

例えば、特許権者が他者の製品について、自身の特許の技術的な範囲に属するものかどうかを知りたい場合、特許庁に判定を求めて、特許庁の公式の見解を得ることができます。

特許庁の判定は、当事者や第三者を法的に拘束するものではありませんが、専門的な知見や経験を活かして特許庁が中立的な立場から意見を提供するものですので、権利の侵害に対する警告や反論のための資料などとして活用されています。

そして、司法手続による解決や救済があります。

民事上の救済措置や刑事罰を具体化するものです。

なお、裁判で具体的に主張をし、証拠を整えて立証し、判決を得るまでには時間がかかるのが通例です。そこで、裁判所に仮処分を申し立てて、権利の侵害行為を止めさせるということもあります。

知的財産に関する司法手続については、制度の整備が着実に進みつつあります。

その代表例が、知的財産高等裁判所（知財高裁）です。

２００４（平成16）年に知的財産高等裁判所設置法が定められ、これに基づいて、その翌年（２００５年）に東京高等裁判所の特別の支部として、知的財産を巡る紛争事案を専門的に扱う裁判所として設立されたのが知財高裁です。

知財高裁は、全国のすべての特許と実用新案についての控訴の事案や特許庁による審決の取消訴訟の事案を専属の管轄として取り扱っています。また、意匠、商標、著作権など、その性質や内容が知的財産に関するものである限り、東京高等裁判所の管轄にある控訴の事案のすべてを取り扱っています。

知的財産を巡る紛争事案では、一定の信頼性のあるルールづくりと高等裁判所の段階としての判断の統一が求められます。この要請に応えるために、知財高裁には5人の裁判官から構成される合議体で審理と裁判を行う制度（大合議制度）も導入されています。

グローバルな市場や技術の発展と普及を踏まえて、裁判官は、技術を中心とする知見の習得に努めている、といわれています。そして審理や裁判に必要な技術的な事項を調査し、裁判官を補佐するために、裁判所調査官制度も採用されています。知財高裁には、特許庁の審判官や弁理士の経験をもつ調査官が配属されています。

また、先端技術の分野の学者、公的機関の研究者などから個別の専門分野での意見を得ることを目的として、専門委員制度がとられています。審理の際、専門委員が訴訟の当事者による技術に関する説明に対して裁判官や調査官とともに質疑に参加するなどして、事案の内容や争点をより具体化し、円滑な審理を図っています。

さらに、最近では、国境を越えた保護の必要性を背景として、知的財産を巡る紛争事案に関する情報の提供や交流を図りながら、国際的な動向への対応にも努めています。

後に述べるように、知的財産についての司法制度に対しては、課題も指摘されていますが（後掲の第3章3「日本での権利行使」参照）、知財高裁をはじめとする取組みによって、判決の予見可能性の向上や判断の統一化、技術的な専門性への対応、審理の迅速化などで実績を挙げつつあります。

このような活動の実績を踏まえながら、知財高裁の機能などをさらに活かすことができるよう司法制度の改善が期待されています。

2 産業財産権と著作権

特許・実用新案・意匠・商標

主な知的財産権について、それぞれの概要を述べます。

まず、産業財産権、すなわち、特許、実用新案、意匠および商標についてです。

特許は、ものや方法に関する発明を対象にしています。自然法則を利用した技術的な思想の創作のうち高度のものが特許の対象です。

実用新案は、ものの形状や構造などに関する考案を対象にしています。自然法則を利用した技術的な思想の創作であって、物品の形状、構造または組合せに関するものが実用新案の対象です。小発明を対象にしているといわれることもあります。創作が高度のものであることを必要としません。特許に比べて、基礎的な要件のみの簡易な審査で権利として成立し、より早期に保護を図ることができます。比較的に長期間の保護を必要としないライフサイクルが短いような製品については、特許よりもつかいやすい、といわれています。

また、意匠は、もののデザインを対象にしています。物品の形状、模様若しくは色彩またはこれらの結合であって、視覚を通じて美感を起こさせるものが意匠の対象です。新しいデザインであっても、創作性が低いと判断される場合には権利として認められません。

そして、商標は、商品やサービスにつかわれるブランドを対象にしています。事業者が自ら取り扱う商品やサービスを他者のものと区別するために使用する文字や図形が商標の対象です。なお、商標法の改正によって、2015（平成27）年4月からは、音、位置、色彩、ホログラムなどが使用される場合にも権利が認められることとなりました。

産業財産権がどのように認められるのか、ドラム型洗濯乾

参考5　特許権・実用新案権・意匠権・商標権

特許権

・保護対象：高度な技術的創作のうち、産業上有用な物や方法
・存続期間：出願から20年（医薬品で期間延長あり）
・日本での年間出願件数：318,627件（2015年）

実用新案権

・保護対象：技術的創作のうち、物品の形や構造など
・存続期間：出願から10年
・日本での年間出願件数：6,827件（2015年）

意匠権

・保護対象：新規性と創作性があり、美感を起こさせる物品の形状など
・存続期間：登録から20年
・日本での年間出願件数：29,861件（2015年）

商標権

・保護対象：商品やサービスの出所を示す標章
・存続期間：登録から10年（更新あり）
・日本での年間出願件数：146,993件（2015年）

【ドラム型洗濯乾燥機の例】

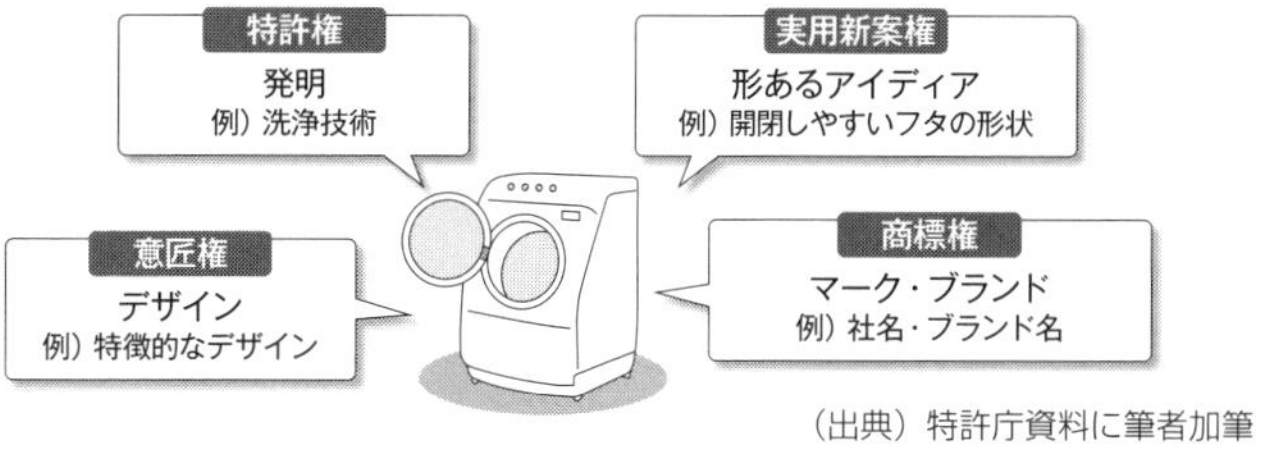

（出典）特許庁資料に筆者加筆

燥機を例にして示したものが参考5です。例えば、洗浄の技術の発明に対しては特許、開け閉めしやすいフタの形状の考案に対しては実用新案、特徴的なデザインに対しては意匠、メーカーや製品の名前に対しては商標、というように、それぞれの権利が認められることになります。

産業財産権のそれぞれの権利を取得するためには、特許庁に対して出願をして一定の手続や審査を経た上で登録をする必要があります。

産業財産権は、新しい技術、デザイン、ブランドのネーミングなどについて排他的独占性を認め、創作者の権利を保護し、創作や信用を尊重するとともに、内容を公開するなどして、その技術が利用され、改良され、新しい技術が生み出される機会をつくり、産業の発展を図ることを目的としています。

ただし、技術は不断に進歩し続けます。新しい発明について特許が成立したとしても、いつまでも権利を認めて保護を図り続けることは、逆に特許法の目的である「産業の発達」を妨げることにもなりかねません。

そこで、それぞれの産業財産権には、それぞれ一定の存続期間（保護期間）が定められています。

特許の存続期間は出願から20年、とされています。ただし、医薬品については最長で5年の期間を延長することができる場合が定められています。薬事行政の当局による承認の手続を経て医薬品が市場化されるまでには時間を要します。延長の措置は、薬事行政の制度上の必要性を特許制度において考慮したもの、ということができます。

なお、登録を経た特許について権利を維持し続けるためには特許料を納める必要があります。特許料のことを「年金」ということがあります。特許料は、登録から4年、7年、10年の時点で段階的に高くなっています。

また、実用新案の存続期間は出願から10年、意匠は登録から20年、商標は登録から10年、とそれぞれ設定されています。ただし、商標については、信用の維持の観点からブランドの永続性が確保され得るように、登録された商標がつかわれ続ける限り、更新の手続を条件としていつまでも存続することが認められています。ただし、国内で継続して3年間つかわれないと取り消されることがあります。

これらの期間が経過すると、例えば、特許が認められていたものであっても、誰でも制約なく発明をつかうことができるようになります。

発明・特許を受ける権利

特許について、発明から権利としての成立までの流れについて述べます（参考6）。

そもそも特許制度の目的は「発明の保護及び利用を図ることにより、発明を奨励し、もつて産業の発達に寄与すること」（特許法第1条）とされています。

そこで、まず、発明とは何か、を確認しておく必要があります。

特許法は、発明について「自然法則を利用した技術的思想のうち高度のもの」（特許法第2条第1項）という定義を明らかにしています。

すなわち、特許の対象となるかどうかの前提として、そもそも発明に該当するためには、①自然法則を利用していること、②技術的思想であること、③創作であること、④高度のものであること、という4つの要件を満たす必要があります。

例えば、万有引力のように自然法則そのもの、数学の公式のように自然法則を利用していないもの、永久機関のように自然法則に反するものは、それぞれ要件を満たさないことになります。フォークボールの投げ方やアイススケートの回転ジャンプの技などの個人の技能、絵画や彫刻などの美的創作物は、技術的思想ではありませんし、また、単なる発見は創作には該当しませんので、それぞれ要件を満たさないことになります。

なお、高度であるかどうかによって、実用新案と区別され

参考6　特許の発明から権利の成立まで

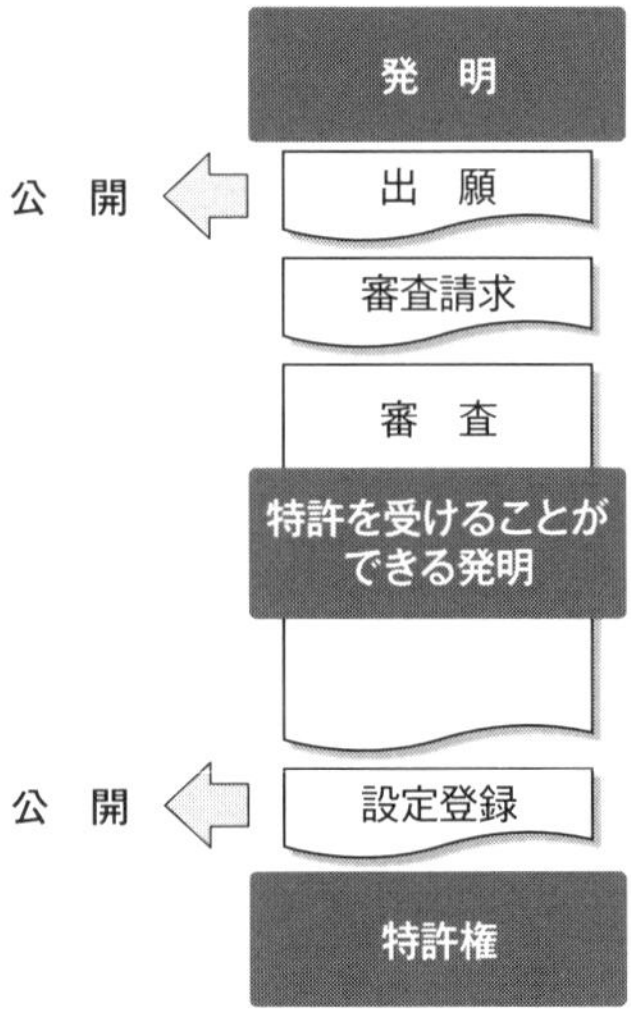

《「発明」の要件》
- ▶自然法則を利用した技術的な思想の創作のうち、高度のものかどうか
- ▶産業上利用することができるかどうか

《「特許を受けることができる発明」の要件》
- ▶新規性があるかどうか
  　出願前に国内外で公然と知られた発明（「公知発明」）や出願前に国内外で公然実施された発明（「公用発明」）の場合は「新規性に欠ける」
- ▶進歩性があるかどうか
  　当事者が公知発明などから容易に発明することができた場合は「進歩性に欠ける」
- ▶同じ内容の発明が先に出願されていないかどうか
  先願主義：権利の優先を出願日で決める原則
- ▶公序良俗に反していないかどうか

《異議・救済》
- ▶審判制度
- ▶司法制度（知的財産高等裁判所など）

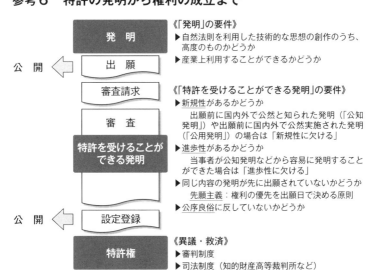

ます。

次に、発明は誰のものか、についてです。

特許法は、発明者が特許を受けることができると定めています（特許法第29条第1項）。このことを、発明者が特許を受ける権利を原始的に取得する、特許を受ける権利は発明者に原始的に帰属する、ということがあります。

なお、特許を受ける権利とは、発明と同時に発明者に認められるものであり、手続や審査を経て権利として認められる特許とはまったく異なるものです。

発明者とは、技術的な思想を創作した者です。助言や指示を行っただけとか、資金や設備を提供しただけ、ということでは、発明者にはなりません。

職務発明

では、企業に勤める従業員が仕事として研究や開発に従事し、その結果、発明をした場合にはどうなるのでしょうか。

特許制度においては、このような場合の発明のことを「職務発明」と呼んでいます。

職務発明について、特許法は、①特許を受ける権利は発明者である従業員のものである（従業員帰属）、②企業（使用者）が出願をするためには、特許を受ける権利を発明者（従業員）から譲り受けることとなる、③その場合、発明者（従業員）は企業（使用者）に対して対価を請求することができる（対価請求権）、という構成をとっていました（特許法旧第35条第1項）。

この構成については、例えば、従業員の立場からは、企業での仕事とはいえ、現実に創作をした者は従業員なので、発明者が従業員であることは自然なことであり、特許を受ける権利が従業員にもたらされるからこそ、研究や開発に取り組む意欲も高まる、ととらえられてきました。

一方、企業の立場からは、企業の資金や設備をつかいながら従業員が発明をしているのだから、企業こそが発明者であるべきであり、企業が発明者という位置づけをもつことで、より効果的に発明を企業の国際競争力に活かすことができる、といった意見が強く主張されてきました。

このような両者の主張も踏まえながら、職務発明の制度のあり方についての議論が重ねられ、その結果、２０１５（平成27）年７月に特許法が改正されました。

参考７　2015年特許法改正による職務発明制度

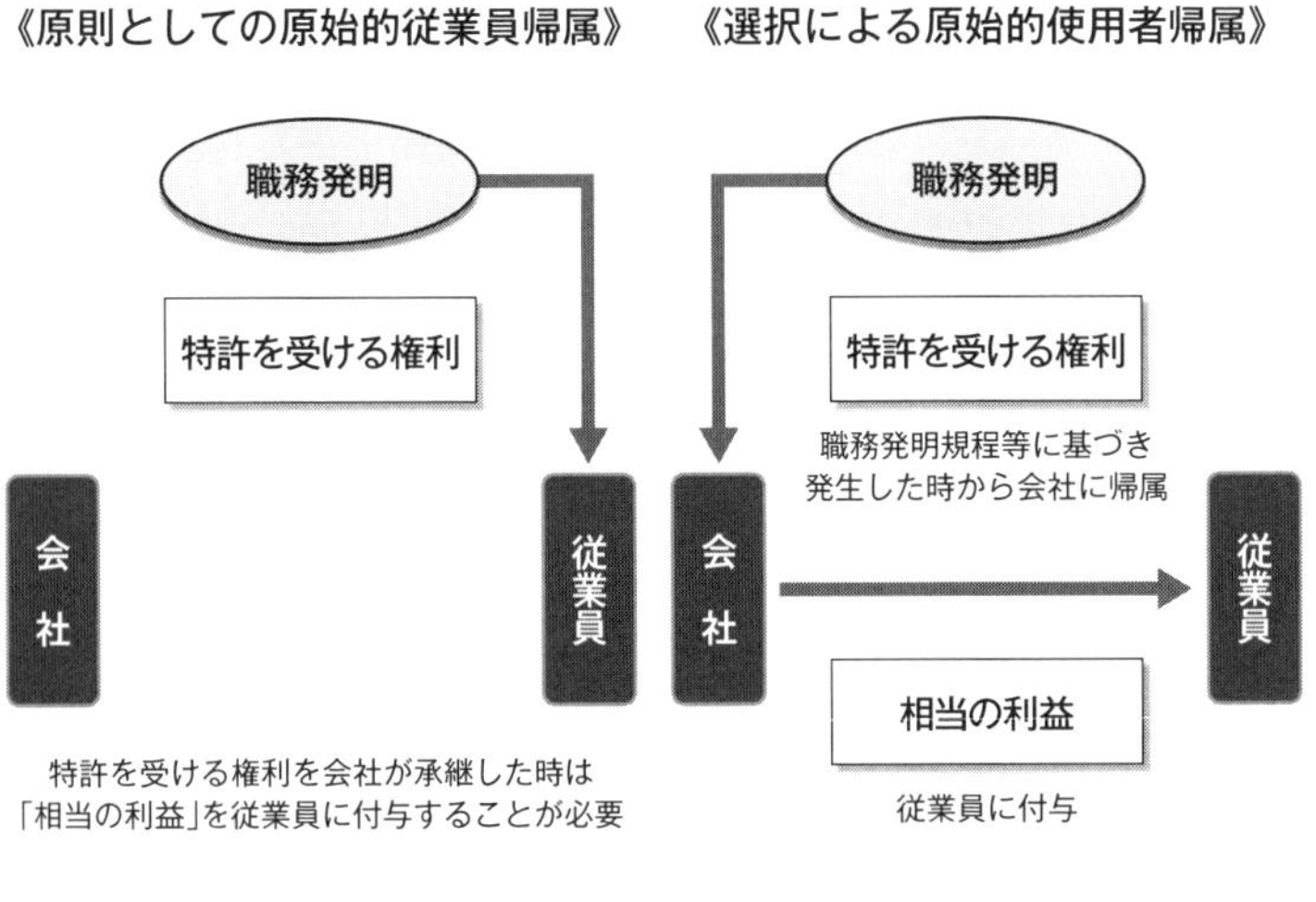

（出典）経済産業省 産業構造審議会 特許制度小委員会（第13回）資料に筆者加筆

改正された特許法では、職務発明について、①特許を受ける権利は原則として発明者である従業員のものである（原則としての原始的従業員帰属）、②ただし、特許を受ける権利を企業（使用者）が取得することについて予め契約や就業規則などで定めていた場合には、特許を受ける権利は初めから企業（使用者）のものとなる（選択による原始的使用者帰属）、③この場合に、従業員は経済上の利益（相当の利益）を受ける権利をもつ、という構成へと改められたのでした（参考7）。

職務発明に関する制度には、発明についての従業員の意欲的な取組みを促すことと、企業による迅速で的確な特許の利用や保護を図ること、という2つの重要な目的があります。この2つを両立して達成するためにはどのような仕組みが適切なのか、がこの制度の課題です。

職務発明を社内でどのように取り扱うのかを定めたものが、一般に「職務発明規程」と呼ばれるものです。職務発明規程については、ほぼすべての大企業では整備済みですが、中小企業での整備は約20%にとどまっている、とされています。契約や就業規則なども含め、職務発明に関する考え方が大企業のみならず中小企業においても明確に定められ、従業員にもたらされる経済上の利益がわかりやすく位置づけられているかどうか、その実際の運用が重要となります。改正された特許法は、相当の利益について職務発明規程などで定める上での指針を経済産業大臣がつくることを定めていますし、この指針を踏まえながら、特許庁としても、職務発明規定の整備が普及するように努めていくこととしています。

発明の奨励と国際競争力の強化に結びついているかどうか、改正された特許法のもとでの事業活動や研究活動の実情を注視していく必要があります。

出願・審査請求・審査

特許を取得しようとするとき、発明の技術の内容などを記載した書類（特許願書、明細書、特許請求の範囲、要約書、図面）によって特許庁に出願をすることとなります。出願は、電子的な手続によることも可能です。

ちなみに、特許庁による電子出願システムの導入は１９９０（平成２）年12月のことでした。知的財産権の行政事務を担当する当局としては世界で初めての導入例です。関係者の協力も得て、着実に普及してきました。特許庁によると、２０１４（平成26）年の実績では、特許と実用新案の出願の全体のうち、電子出願の占めるウェイトは98・３％に及んでいます（「特許行政年次報告書２０１５年版」）。

出願の後、1年6か月を経過すると、その内容は公開されます。公開されると、同じ内容の発明については出願をした者（出願人）以外の他者が権利を取得しようとしても、原則として認められません。後でふれますが、もはや新しいものとはいえないからです。

なお、実際には、例えば、競争相手との関係で機先を制することが大事なので、公開されてしまうことにはなるけれども、最終的に権利を取得するかどうかは改めて検討するとして、まず出願をしておこう、という考え方に立って出願をする事例もみられます。

出願人が請求をすることによって特許庁の審査が行われることになります（審査請求主義）。出願のときから3年以内に特許庁に対して審査請求が行われないときは、その出願は取り下げられたものとみなされます。なお、米国では、このような審査請求の制度は採用されていません。

特許庁の審査には、書類が様式を満たしているかどうかという基礎的な要件の審査（形式審査）と審査官による実質的な審査（実体審査）があります。

実体審査は、発明が「特許を受けることができる発明」に該当するかどうかという観点から行われるものです。

「特許を受けることができる発明」といえるためには、①産業上利用することができること、②新しいものであること（新規性）、③容易に思いつくものでないこと（進歩性）、④他者によって先に出願されていないこと（先願主義）、⑤公序良俗に反しないこと、という5つの要件を満たすことが必要とされています。

これらのうち、新規性については、学会で発表されるなどして国内外で既に知られた発明（公知発明）や、製品として既に販売されるなどして国内外で既に実施された発明（公用発明）に該当する場合には、発明がもはや新しいとはいえないので、原則として要件を満たさないこととなります。

また、進歩性については、既に知られている発明と比べて、転用や変更が簡単であって効果を予測できるもの、個々の発明の寄せ集めであって相乗効果がないもの、といった場合には、要件を満たさないこととなります。

なお、先願主義（First-to-File System）とは、同じ内容の発明が別々に出願されたときに、先に出願をした者が優先する、という考え方です。これに対して、先発明主義（First-to-Invent System）という考え方があります。先に発明をした者が優先する、という考え方です。米国で長年にわたって採用されていました（後掲の第2章3「手続の統一化と米国の先願主義への移行」参照）。

登録・審判制度

審査の結果、出願の内容が「特許を受けることができる発明」の要件を欠くことがない（拒絶理由がない）という判断（特許査定）に至ると、特許の登録（特許原簿への設定登録）が行われ、特許が認められます。

一方、要件を欠くという判断（拒絶査定）に至ると、特許として認められないこととなります。

以上のように、特許については、出願人による審査請求が行われなければ審査の対象とはなりませんし、登録に至るかどうかは、審査の結果次第ですので、出願されたものすべてが権利として成立するわけではありません。

日本での最近の出願・審査請求・登録の件数の動向について、特許庁は、出願人が出願や審査請求にあたって厳選を行うことが根づきつつある、と評価しています（「特許行政年次報告書２０１５年版」）（後掲の第3章２「調整期にある知的財産活動」参照）。

審査の結果、特許として認められなかった場合、出願人が不服や異議を申し立てることができます。また、特許として認められた場合であっても、その判断について出願人以外の他者が無効や取消を求める途が開かれています。

これらの申立や請求は、特許庁に対して行う制度として、特許法などで具体的な手続などが定められています。これを審判制度といい、特許に限らず、実用新案、意匠および商標の産業財産権に適用されています。

審判制度は、特許庁の審査に対する上級審としての役割を果たすとともに、紛争の早期解決を目的としているものです。なお、一般に、行政の処分に不服や異議がある場合には、司法制度のもとで具体的に争われることによって確定することになりますが、審判制度についても、その審決や決定の結果については裁判で争うことができます。

審判制度では、公正で的確な審理を行うために審判官の合議体で審理が行われています。また、審理の充実の観点から、口頭での審理を積極的に活用するとともに、中小企業や地方を拠点とする当事者の負担の軽減の観点から審判官が全国各地に赴く「巡回審判」にも取り組んでいます。

著作権と著作物

続いて、著作権の概要について述べます。

そもそも著作権制度の目的は「著作物並びに実演、レコード、放送及び有線放送に関し著作者の権利及びこれに隣接する権利を定め、これらの文化的所産の公正な利用に留意しつつ、著作者等の権利の保護を図り、もつて文化の発展に寄与すること」（著作権法第1条）とされています。

特許などの産業財産権とは異なり、著作権は、出願・審査・登録などの手続を必要とせずに、著作物の創作と同時に権利が生まれることとされています（無方式主義）。なお、著作権については、文化庁がその行政事務を担当しています。その一環として、著作権の登録という制度が文化庁によって運営されています。この登録制度は、権利を取得するためのものではありません。著作物の公表や著作権の譲渡などがあった場合に、それらの事実を公示することで、公表日の推定など第三者との関係で法的な効果をもたらすためのものです。

著作物の創作や著作権の発生については、実際には当事者の主張を待たないとわかりません。裁判で具体的に争われることで確定することになります。

例えば、創作活動の成果として著作権をもっている、この著作権が他者によって侵害されている、その侵害から権利を保護したい、という主張が当事者によって具体的に取り上げられることによって、さらに、当事者の間の協議や交渉で解決できないときは裁判で争われることによって、著作物が創作されたといえるのかどうか、著作権が存在するといえるのかどうか、が判断されることになります。

そして、これらの結果、著作権が確認されれば、侵害から著作権を保護するための民事上の救済措置や刑事罰が適用されることになります。裁判の結果、著作物が創作されたとはいえない、と判断されることも少なくありません。

そこで、まず、著作物とは何か、を確認しておく必要があります。

著作権法は、著作物について「思想又は感情を創作的に表現したものであって、文芸、学術、美術又は音楽の範囲に属するもの」（著作権法第2条第1項第1号）という定義を明らかにしています。また、著作物の例示として、文芸、音楽、舞踊、美術、映画、写真などを挙げています（著作権法第10条第1項）。著作物が芸術的なものを中心として実用的なものにまで幅広く及び得ることがわかります。

法律上の著作物といえるためには、①思想または感情を表現したものであること、②創作的であること（創作性）、③文芸、学術、美術または音楽の範囲に属するもの、という3つの要件を満たすことが必要です。

例えば、思想や感情そのものは著作物ではありません。単なるデータも思想や感情の表現ではないとされ、著作物ではないと解されてきました。また、アイディアも技術的な思想ですが、表現ではないので、著作物ではないとされています。「著作権は表現を保護するが、アイディアは保護しない」

といわれることがあります。

また、創作的であるとは、創作者の個性が表れていること、個性的であること、ととらえられています。なお、裁判では、ありふれた表現であるので個性的とはいえない、という理由で、創作的ではない、と判断された事例が数多くみられます。

なお、人工知能（ＡＩ）がつくった音楽や小説などについては、思想または感情の表現ではなく、著作物ではないと解されています。しかし、人工知能によって創作された作品についても、一定の経済的な価値をもつものには、模倣や盗用から適切に保護することが必要となる場合もあります。このような観点から、保護のための仕組みを具体化することが重要といえます。

著作権と著作者・著作者人格権・著作隣接権

次に、著作者は誰か、著作権制度が誰の利益を保護しようとしているのか、ということも確認しておく必要があります。

著作権法は、著作者について「著作物を創作する者」（著作権法第2条第1項第2号）と定義しています。現実に創作をした人、創作的な表現に個性を発揮した人、などと説明されることがあります。ただし、実際の創作活動となると、複数の者が関与することが少なくありません。例えば、文芸作品の場合、作家、編集担当者、原案担当者、校閲者、助手、さらには、資金の提供者などのさまざまな立場の者が関わることがあり得ます。これらの者については、表現に対して創作的な関与があったかどうかによって、著作者となるかどうかが判断されることとなります。

このように著作物や著作者を基準にして判断されることによって、著作権の存在や不存在がわかります。

なお、著作権については「権利の束」といわれることがあります。

すなわち、著作権法は、著作権をさらに細分化した具体的な権利として、複製、上演・演奏、上映、公衆送信、口述、展示、領布、譲渡、貸与、翻訳・翻案などの類型を挙げています（著作権法第21条以下）。著作物についてのさまざまな利用のあり方に応じて著作者の保護を図るために、どのような場面で権利が認められているのかを定めているのです。このように列挙された具体的な権利のことを「著作権の支分権」といいます。

また、著作権法は、創作者の経済的な利益とは別に、人格的な利益を保護する、という観点から、財産権としての著作権とは別に、著作者人格権という権利を定めています。

著作物が思想または感情を表現したものであることを踏まえて、創作者の人格を重視するという精神的所有論の考え方に拠るものといわれます（後掲の第2章1「意匠・商標・著作権の制度の成立ち」参照）。

また、著作権法は、著作者に著作権と著作者人格権を認めるとともに、実演家、レコード製作者、放送事業者および有線放送事業者の４者に著作隣接権という権利を認めています。

ひとことで表すと、著作権や著作者人格権は著作物の創作者に、著作隣接権は著作物の利用者に、それぞれ認められている権利、ということができます。

著作権の保護と制限

著作権、著作者人格権および著作隣接権には、著作権法で一定の存続期間（保護期間）が定められています。

著作権の存続期間は、著作者が著作物を創作したときに始まり、原則として著作者の死後50年、とされています。

著作者人格権は、一身専属の権利とされていて、相続はされず、著作者の死亡とともに権利も消滅します。ただし、著作者の死後においても著作者人格権の侵害となる行為をしてはならないとされています。

著作隣接権の存続期間は、例えば、実演を行ったとき、最初に音を固定したとき、放送や有線放送を行ったときに始まり、その翌年から50年、とされています。

存続期間中、権利者ではない者が著作物を利用するためには、原則として権利者の了解（許諾）が必要とされています。

したがって、著作権者に無断で、すなわち、許諾を得ないで著作物を利用するといった侵害があった場合、著作権法は、侵害行為を止めさせたり、侵害によって損害が生じた場合の賠償を求めたり、侵害した者に刑事罰を科すことを定めています。

また、外国の著作物であっても、条約に基づいて、侵害から保護する義務を日本が負っていることがあります。すなわち、知的財産権には属地主義の原則がありますが、ベルヌ条約と万国著作権条約によって、加盟国の国民が権利者となっている著作物、最初に加盟国で発行された著作物については、他の加盟国も保護の義務を負っているのです（後掲の第2章2「パリ条約とベルヌ条約」参照）。なお、「著作権に国境はない」といわれることがあります。このことは、これらの条約に基づいて、国境を越えた保護が認められ得ることを意味しています。

一方、許諾を得なくとも著作物を利用できる場合があります。すなわち、著作権法は、①存続期間を経過している場合（パブリック・ドメイン）、②著作物であっても、その権利者が日本国民ではなく、最初に日本国内で発行されたものでもなく、条約によって日本が保護の義務を負う外国の著作物に該当しない、というすべてを満たす場合、③権利制限規定が適用される場合、の3つを挙げています。

このうち、権利制限規定が適用される場合とは、著作物の通常の利用を妨げるものではなく、著作権者の利益を不当に害することがないような特別な場合です。著作権法は、このような特別な場合について、特定の類型として具体的に挙げています（著作権法第30条以下）。例えば、私的使用のための複製、教育や図書館・美術館・博物館における複製などです。なお、これらの場合においても、権利者が補償を受けることが認められることがあります。

このように、著作権法は、権利制限規定が適用される場合を限定的に列挙する、という方法（限定列挙方式）をとっています。

これに対し、権利の制限について、特定の類型を限定的に列挙するのではなく、包括的な要件を定めることによって認める方法（一般規定方式）を採用している著作権制度の例もみられます。

その代表例が米国のフェアユース規定です（米国著作権法第107条）。技術革新などに対応して柔軟に解釈ができる、という評価があるとともに、具体的にどのようなケースで認められるのかという観点での明確性に欠ける、という指摘もあります。

3 知的財産権の実際

1 製品と特許

権利として成立した知的財産権がグローバルな市場でのそれぞれの製品やサービスに実際にどのよ

うに関わるのかについてはさまざまです。

例えば、1つの製品に1つの特許というケースもあれば、1つの製品に数多くの特許というケースもあります（参考8）。

前者の事例が、医薬品のケースです。

医薬品では、1つの新薬について1つの基本特許の排他的独占性が働くことで売上を確保しています。逆にいうと、新薬については、特許の存続期間が到来することで、比較的に安価なジェネリックの後発薬に追われる形で売上が減少していきます。後発薬に置き換わることで売上が一挙に失われてしまうこともあります。このことを「パテント・クリフ」（特許の崖）ということがあります。

新薬の研究開発には、10年から15年の期間、欧米の企業では年間100億ドル規模、日本の大企業でも3000億円から4000億円の費用を投じています。数万の化合物から1つの候補を見出す、という大きなリスクを伴うものです。このようなリスクを管理しながらグローバルな市場に新薬を送

参考8　特許権の分野別特徴（例）

分野例	医薬・化学・素材	エレクトロニクス
製品例	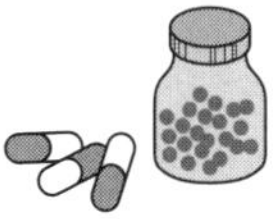	
特許の対象	材料物質の主要成分 化合物の添加成分 物質の特性・形態　など	部品 ソフトウェア システム・仕組み　など
一製品の特許件数	1件～数十件	1万件以上
競合他社との関係	排他的独占性に拠る自己実施 ノウハウの秘匿・管理　など	出願件数の規模確保 特許係争 クロスライセンス　など
課題例	特許切れ減収の「崖」 医療費抑制の制度改革 途上国など強制実施権　など	特許権の価値評価 「特許の藪」 「パテントトロール」　など

り出すからには、特許の排他的独占性によって売上をできる限り伸ばして、投じたコストを回収し、さらなる研究や開発の基盤を確保することは、製薬企業の事業活動にとって当然のことともいえます。

このように、医薬品という製品にとって、特許の排他的独占性は重要な機能を果たしています。

後者の事例は、エレクトロニクスの分野でよくみられるものです。

デジタル化、ネットワーク化、情報通信技術の進展によって、1つのエレクトロニクス関連製品につかわれる特許の数も莫大なものとなっています。部品や材料も多様化し、複雑化しています。例えば、カメラのケースでいうと、つかわれている特許の数は、1970年代の機械式一眼レフの時代で100件、1990年代の電子式で1000件、そして、デジタル化が進んだ2000年代では1万件以上にまで増えています。

莫大な数の特許を一企業だけで独占することは事実上、不可能です。また、他者の特許を無断につかうわけにはいきません。他者の特許について調査を尽くすとしても、莫大な数の特許が製品に関わるとなると、実際にお互いの技術や発明がお互いの特許とどのように関係するのかどうかについて、常にわかりやすい線引きができるとは限りません。

そこで、企業がもつ特定の特許をお互いにつかうことができるように実施・使用の許諾の契約をするという方法（クロス・ライセンス）や、特定の特許に限定せずに技術の領域や製品を特定して、まとめてお互いに実施・使用の許諾の契約をするという方法（包括クロスライセンス）がとられてきました。

クロス・ライセンスによって、事業活動の幅を確保することができますし、紛争の防止や円滑な解決にもつながります。競争関係にある企業同士の共存を支えてきた、ともいわれています。一方、特に日本のエレクトロニクス産業にとって、包括クロス・ライセンスは国際競争力を強化する方向には必ずしも機能しなかったのではないか、ともいわれています。

なお、そもそも特許の経済的な価値の評価については、いろいろな手法が開発されてはいるものの難しい課題です。さらに、包括クロス・ライセンスとなると、数多くの特許をまとめて評価することになるので、1つ1つの特許の経済的な価値については、とらえることが容易ではなく、低く評価される傾向がある、といわれています。

特許プール・標準必須特許

クロス・ライセンスは、特許をもつ企業が、その排他的独占性を主張して牽制し合うのではなく、お互いにもつ特許をつかい合うことで共存を図る方法、と言い換えることができます。このような共存を図る方法としては、特許プール（パテント・プール）という仕組みもあります。

デジタル化、ネットワーク化、情報通信技術の進展によって、エレクトロニクスの分野をはじめとする技術や発明の成果として、さまざまな部品・材料や製品・サービスが数多く生み出されています。

同時に、それぞれがお互いにバラバラでつながらない、つかうことができる範囲や条件に制約がある、作動が不安定性なものとなってしまう、といった不便や支障なども生まれかねません。

そこで、企業が共通してつかうことができる規格を定めて、同じ規格をつかう製品やサービスを市場に供給することで、利用者の利便性を高めるとともに、市場の拡大を図る、というのが標準化です。

このような規格が標準規格といわれるものです。

標準化によって、広く技術を共有することができますが、一方で、それぞれの企業がもっている特許との関係で課題が生じることとなります。

というのも、標準規格に関係する技術や発明の特許（標準必須特許）は、それぞれの企業がお互いにつかうことができるようにすることが必要になるからです。

その際、各企業がそれぞれライセンス料を設定すると、個々の特許のライセンス料は少額であっても数多くの特許が関わっている場合には高額になってしまい、製品やサービスの価格高騰などをもたらし、市場の拡大を阻害することにもなりかねません。

そこで、関連する特許を一堂に集めて、その標準規格をつかおうとする他の企業に対して、一定の額で特許の許諾をするという仕組みがつくられるようになりました。すなわち、水を貯めるように、複数の権利者がもつ数多くの特許を第三者（特許プール代理人）がとりまとめます。標準規格をつかおうとする場合には、この代理人から一括して許諾を受けることになります。このことで、個々の権利者と個別の交渉をしなければならない負担や手間を省くことができます。代理人に対して支払われるライセンス料は、それぞれの権利者に特許の件数などに応じて支払われることになります。

特許プールの事例として、DVDプレイヤーのケースを挙げることができます。

DVDプレイヤーについては、映像をデジタル符号化して録画する際の技術やフォーマットなどの開発にさまざまな企業が取り組みました。お互いに競争をしながらも、東芝、日立製作所、IBM、松下電器産業（当時）、三菱電機、日本ビクター、ワーナー・ホーム・ビデオの7社は、標準規格を定めて、その関連特許について特許プールをつくることで合意しました。そして、標準規格をつかおうとする他の企業に対しては、例えば、DVDプレイヤーの販売価格の4％または1台当たり最低3ドルの支払などでライセンスを認めることとしたのでした。中国の企業などによる追上げに直面しながらも、グローバルな市場での主導権を確保することに狙いがあった、とされています。もっとも、実際には、標準規格をつかった企業が製造したDVDプレイヤーについて、ライセンスの契約上の数量と実際に市場に出回った数量との間に大きな乖離がみられ、必ずしもライセンス料の徴収が徹底されなかった、という限界もありました。

特許と標準化とは、独占と共有という本来の機能の意味で相反するものとしてとらえられがちです。しかし、特許プールという仕組みは、特許による発明の利用と標準化による技術の共有との両立を可能にしているのです。

1 製品と産業財産権

次に、1つの製品に異なる知的財産権があるケースについて述べます。

産業財産権に関して先にふれたドラム型洗濯乾燥機の例は、1つの製品に異なる知的財産権が機能し得ることをわかりやすく示しているものといえます。それぞれの知的財産権がそれぞれで働く領域を住み分けながら事業活動の成果としての製品の価値を高めている、といえます。

一方、特定の目的のもとで知的財産権の適用が広がり得るケースもあります。

言い換えると、市場での販売機会の確保、ブランドに対する信認の向上などの目的を達成するための手段として、知的財産をとらえます。そして、事業活動などの主体が、製品やサービスの特性に応じて知的財産をとらえ、知的財産権としての機能を実際の紛争などに際してタイミングよく主張する、という事例がみられるのです。

例えば、模倣品対策という目的のもとで効果を上げている最近の事例があります。

ブリジストンのタイヤのトレッド・パターンを巡る特許と意匠のケースです。

車のタイヤには、溝や切込みが刻まれています。地面に接する部分と溝の部分のバランスとその形状は、道路が雨天などで濡れているときの排水性や乾燥しているときの放熱性、操縦の安定性やブレーキ性能の制御力など、車の走行に大きな影響を与えています。タイヤが地面と接する部分をトレッドといい、溝や切込みの形状をトレッド・パターンといいます。

タイヤ製造企業にとって、トレッド・パターンは、重要な発明の成果です。研究開発を通じて、さまざまなトレッド・パターンが生み出されています。特許による保護も図られています。

しかし、グローバルな市場では、トレッド・パターンの酷似したタイヤが出回り、模倣品に悩まされています。模倣品については、その性能が真正なタイヤの性能には及ばないので特許の侵害を立証することが難しく、また、名前も変えているので商標の侵害といえないことがほとんどです。

このような状況の中、ブリジストンは、中国でトレッド・パターンを意匠として登録するとともに、意匠の侵害を理由として中国で裁判を起こし、自社製品の保護に取り組んでいます。最近の実績としては、トラックやバス用のトレッド・パターンを製品カタログに掲載した販売事業者に対する勝訴の判決（2013年1月：青島市中級人民法院）やトレッドのゴム製造事業者に対する勝訴の判決（2014年10月：河南省高級人民法院）があります。

トレッド・パターンを模倣や盗用から守る目的のもとで、特許という手段に拠らずして、デザインの保護のための意匠という手段に拠って発明の成果を保護する結果となっているのです。

商標と地理的表示

同じ内容の知的財産の保護について異なる制度を活用し得る事例として、商標と地理的表示のケースがあります（参考9）。

産地と産品の名前を結びつけたブランドの保護については、商標が用いられることが少なくありません。ただし、夕張メロン、西陣織、信州味噌のように、全国的な知名度を得ていることによって、特定の事業者の産品であることが他の商品と区別できる場合などでないと、商標の登録を受けることができません。

そこで、2006(平成18)年に地域団体商標という制度が導入されました。

地域団体商標は、全国的な知名度を得ているとはいえないとしても、例えば、隣接都道府県に及ぶ程度というように、一定範囲で知られてい

参考9　地域団体商標と地理的表示

	地理的表示	地域団体商標
名称	特定の産地の産品の名前 (産地を特定できれば地名含まずとも可)	地名+商品名・サービス名
対象	農林水産品、飲食料品(酒類を除く)	全ての商品・サービス
主体	生産・加工の事業者団体	事業協同組合、商工会議所、商工会、NPO法人
産地との関係	品質・評価が産地と結びついていること	地名と商品・サービスに密接な関連性が認められること
実績・周知	一定期間(概ね25年)継続して生産された実績があること	一定範囲で知られていること(隣接都道府県に及ぶ程度)
品質管理	基準の策定・登録・公表 基準に合致していること 事業者団体の管理、国のチェック	自主管理 (要件にはなし)
使用方法	GIマークと共に名称の表示	登録商標である旨の表示(努力義務)
規制手段	国による不正使用の取締り	商標としての権利行使 (損害賠償や差止の請求)
保護期間	期間限定なし (取り消されない限り存続)	10年(更新可) (実質的に期間限定なし)
申請先	農林水産大臣	特許庁長官

(出典)特許庁資料に筆者加筆

ることで商標の登録を認めようというものです。

地域のブランドをより適切に保護することで、地域の事業者の信用を確保し、産業の競争力の強化や地域の経済の活性化を支援することを目的としている制度です。江戸切子、塩原温泉、金沢箔、岐阜提灯、松坂牛、京扇子、有田みかん、備前焼、福山琴など、２０１５（平成27）年12月末時点で５８７件が登録されています。

地域の団体が出願人となって商標の登録をすることで、排他的独占性などの権利としての機能を発揮し得ることとなります。

一方、商標の登録に拠らなくても特定の産地の産品の表示を保護する制度があります。

まず、ぶどう酒（ワイン）や蒸留酒（スピリッツ）については、酒団法（酒税の保全及び酒類業組合等に関する法律）によって、指定された産地以外で産地の表示をつかうことを禁止するなどして産地と産品が結びついている表示を保護しています。

また、農林水産品については、地理的表示法（特定農林水産物等の名称の保護に関する法律）によって、品質や評価が産地と結びついている産品についての表示を保護しています。

地理的表示法の制度においては、産地の農林水産品の生産や加工を事業とする団体がその産地の産品について品質の基準を定めます。この基準とともに、産品の名前を「地理的表示」として農林水産省に登録します。基準を満たす事業者の産品には、地理的表示とＧＩ（Japan Geographical

Indication）マークをつけることができます。産地の団体は、その構成員である事業者に対して必要な指導や検査を行います。農林水産省は、団体の活動を定期的にチェックするとともに、地理的表示の不正使用を取り締まります。

この制度での登録の例として、あおもりカシス、但馬牛、鳥取砂丘らっきょう、三輪素麺などを挙げることができます（2016年3月末時点）。

地域団体商標は、地域のブランドの名前を商標として登録し、その名前を独占的につかうことができる制度です。これに対して、地理的表示法は、産地と結びついた特性をもつ産品の表示を品質の基準とともに登録して、地域の共有財産として保護する制度です。品質の確保を通じてブランドを保護するもので、そのために国が取り締まる仕組みとなっています。地理的表示をつかう団体や事業者がその不正な使用に対して損害賠償や差止を請求できるという制度ではありません。権利者として権利を行使する制度ではないからです。この意味で、地域団体商標とは制度の性格が異なります。

逆にいうと、異なる制度ですので、産地の関係者の判断で、それぞれの制度の目的に照らして両方で登録をすることが可能です。実際に、例えば、夕張メロンは通常の商標と地理的表示で、神戸ビーフは地域団体商標と地理的表示で、それぞれで登録されています（2016年3月末時点）。

このように、産品の産地を特定できる表示を保護する考え方は、欧州で発展してきました。

ワインやチーズなどで、産地による評価が広く普及し、地理的表示についての制度が形づくられてきたのです。フランスでの原産地呼称統制法（AOC：Appellation d'Origine Contrôlée）がその代表例です。一方、米国や豪州は、産地を評価の基準とする農林水産品の歴史も浅く、欧州での地理的表示の制度については、貿易にとっての障害をもたらしかねない、ととらえてきました。原産地の表示としての意味は認めながらも、国際的な保護を強力に認めることには基本的には消極的な立場です。

ＴＲＩＰｓ協定（知的財産権の貿易関連の側面に関する協定）では、地理的表示について「ある産品に関し、その確立した品質、社会的評価、その他の特性が当該産品の地理的原産地に主として帰せられる場合において、当該産品が加盟国の領域又はその領域内の地域若しくは地方を原産地とするものであることを特定する表示をいう」と定義しています。そして、消費者の誤認や混同を招くような表示から地理的表示を保護することとしています。さらに、ぶどう酒（ワイン）と蒸留酒（スピリッツ）の地理的表示に対しては他の産品に比べてより強力な保護（追加的保護）を与えることとしています。例えば、フランスのシャンパーニュ地方の産品であるシャンパンという地理的表示については、シャンパーニュ地方以外のものであって消費者が誤認することがないとしても、その使用は認められない、としているのです。

著作権と意匠・商標

著作権について、他の知的財産権と交錯しながら機能するケースもみられます。

ここでは、意匠や商標との関係での最近の2つの事例を挙げます。
1つは、家具のデザインを巡る著作権と意匠のケースです。

もののデザインを保護する知的財産権としては、意匠があります。
一方、実用を目的とするもののデザイン（応用美術）について、著作権による保護が認められるかどうか、ということが裁判で争われた事案も少なくありません。判例上、著作権による保護が認められるためには、鑑賞の対象となり得る美的特性を備えていなければならないとされてきました。より高い基準を満たすことが必要とされていたのです。量産の実用品には認められませんでした。

ところが、ノルウェーの企業ストッケが量産し、日本に輸出して販売している実用品の子供椅子（Tripp Trapp）を巡って日本で裁判が起こりました。

この子供椅子は、ノルウェーのデザイナーがデザインしたもので、ストッケは、日本の企業に対し、酷似した椅子を販売して著作権を侵害している、と主張して、損害賠償と販売の差止めを求めました。
2015（平成27）年4月、知的財産高等裁判所（知財高裁）は、一般論として、実用品であるからといって著作物を認める上で高い基準を設けることは適切ではない、と判断しました。すなわち、応用美術についての著作物性を認めたのでした。その上で、この事案においては著作権の侵害には当たらない、と判断しています。上告がされなかったので、紛争事案としては解決に至りました。

外国では、フランスなどで、著作権による保護について、芸術品と実用品とを区別することなく、創作性があれば著作物として認める考え方をとっている制度もみられます。著作権は出願などの手続を必要とせず、また、権利の存続期間も創作者の死後50年とされていますし、さらに、条約に基づいて国境を越えた保護が認められることもあります。意匠と比べると、手厚い保護が可能となります。

知財高裁の判決を先例として、今後、家電製品や自動車などのデザインに特徴がある製品の模倣品対策について、著作権という手段に拠って保護を図ろうとする動きが広がる可能性があります。

また、存続期間が経過した意匠のデザインを家具につかっている事業活動（ジェネリック家具）もみられますが、このような事業活動にとっては、著作権との関係が今後の制約になる可能性があります。

もう1つは、2020年東京オリンピック・パラリンピックのエンブレムを巡る著作権と商標のケースです。

いったん選ばれたエンブレムについて、ベルギーの劇場のロゴと似ていることが指摘されました。2015（平成27）年秋のことです。

劇場とロゴのデザイナーは、エンブレムがロゴに酷似していて著作権を侵害している、と主張し、ベルギーで裁判を起こしました。

エンブレムとロゴの関係について、日本の国内では、著作権と商標について混乱した理解や説明がされたこともあって、改めて制度についての理解が問われることとなりました。

著作権と商標は、お互いに独立した権利です。しかし、同じものが両者で保護されることもあり得ることです。言い換えると、商標の登録をしているからといって、他者の著作権を侵害していないことが保証されているわけではありません。商標法は、このようなケースがあり得ることにも備えて、商標について、その登録以前に成立した著作権と抵触するときは使用できないことを定めています（商標法第29条）。なお、著作権者の許諾を得れば、使用できることとなります。

東京オリンピック・パラリンピックへの期待を背景として注目を集めたエンブレムでしたので、著作権や商標との関係に関する制度についての適切な理解と十分な説明が必要であったことを改めて印象づけたケースでした。なお、エンブレムの使用中止を受けて、劇場は訴訟を取り下げています。

第2章

知的財産制度の歩み

1　制度の成立ちと展開

特許制度の成立ち

世界の知的財産制度の成立ちや歩みを振り返り、まず、特許について述べます。

発明に対する特権については、古代ギリシャ時代に認められていたといわれることがありますが、通常、今日の特許制度の基礎は中世ルネッサンス時代のイタリアで形づくられたとされています。15世紀のヴェネツィア、フィレンツェ、ジェノヴァなどのイタリアの都市共和国では、優秀な技術者を招聘して発明を奨励するために、報償を与えたり、税金を免除したり、発明を独占することを認めたとされています。

そのような中、ヴェネツィア共和国において1474年に特許法が定められました。世界で最初の成文特許法とされています。出願をした発明については、その評価のために共和国政府の審査委員会の場で試作品や実物の提供が必要とされたといわれています。

その後、英国では、国王によって貴族や商人に専売特許状（Letters Patent）が付与され、新しい事業に独占権を認めるようになりました。見返りとしての上納金は国王の収入源となりましたが、16

世紀半ば頃からは、専売特許状の濫発によって、その対象となった生活必需品の不足や価格高騰など、社会的な混乱も生じるようになりました。そのような状況の中、議会は専売特許状の停止を要求するなどして国王との対立を深めていきましたが、国王が折れる形で専売条例（Statute of Monopolies）が１６２４年に定められました。専売条例は、独占権は真正かつ最初の発明者（the true and first inventor and inventors）に認められるものであること、すなわち、先発明主義に拠るという考え方を明らかにし、属地主義の原則、権利の期限などを定めました。今日の特許制度の基本的な枠組みを示すこととなりました。

また、フランスでは、１７８９年の市民革命の後、１７９１年に財産権を発明者に認める特許法が定められました。

英国でもフランスでも、その当時、発明についての権利は審査を経ることなく認められました（無審査主義）。審査の手続が導入されたのは、20世紀になってからのことです。

ドイツでも、発明の奨励、早期の出願による産業への貢献を目的とする特許法が定められました。統一国家としてドイツ帝国が生まれて以後、１８７７年のことです。

英国で専売条例によって明らかにされた考え方は、建国の途にあった米国に引き継がれていくことになります。

米国では、１７８８年に発効した合衆国憲法において「連邦議会は、著作者及び発明者に対して、それぞれの著作及び発明について排他的権利を一定期間に限って保証することにより、学術及び有用な芸術と技術の進歩の促進を図る権限を有する」ことが定められました（第1条第8項第8節）。

この憲法の規定に基づいて、米国では1790年に特許法が定められました。特許法では、①特許が発明者に帰属すること、②特許の本質は排他的独占性にあること、③特許権者は発明を開示する義務を負うこと、④特許の存続期間の後には一般に開放されること、⑤特許には課税しないこと、などが明らかにされました。

米国での特許制度の誕生には、後に第3代大統領となったトーマス・ジェファーソン（1743年〜1826年）の大きな貢献があったといわれています。

その当時、独立した特許行政機関（Patent Office）は未だ存在していませんでしたが、ジェファーソンは、国務長官として、司法長官および陸軍長官とともに発明の審査を担う委員会（Patent Board）の委員を務め、個別の発明の実質的な審査を自らが行ったといわれています。ジェファーソンは、初代の米国特許庁長官ともいわれます。ただし、ジェファーソンのみならず、それぞれが多忙な立場にありながら委員として審査を担当するという仕組みは長続きしませんでした。そのため、特許法の制定から間もなくして、発明には無審査で特許が認められるようになりました。

なお、米国での最初の特許は、ジョン・ラッグルスによる「鉄道車両の滑り止めのための歯車」の発明に対して1836年6月に与えられたとされています。

意匠・商標・著作権の制度の成立ち

意匠の保護のための制度は、18世紀の初め、フランスのリヨンの絹織物業で図案の模倣を禁止したことから始まったとされています。また、産業革命の後の英国では、１７８７年に綿製品などの織物の意匠に対して権利を与える条例が定められました。

商標については、産業革命によって大量生産が可能となった状況のもとで、製品の出所を識別する必要性に対応するために、１８５７年、世界で初めての商標法がフランスで定められました。その後英国でも、１８７５年に商標登録法が定められました。

著作権の歩みを振り返ると、15世紀半ばにヨハネス・グーテンベルグ（１３９８年頃～１４６８年）によって発明された活版印刷技術が制度の誕生の契機になったとされています。

すなわち、活版印刷技術の普及によって著作物の複製が容易になるとともに、無断での複製や模倣も氾濫するようになりました。このような状況に対応するために、出版の規制と特権の付与が行われたのでした。著作権制度は、無断複製や海賊版への対策から始まった、ということができます。

その先駆けが15世紀半ばのヴェネツィア共和国での出版特権制度といわれています。創作者を保護するために、というよりは、出版者を保護するために、活版印刷技術の利用についての特権を認める、というものでした。

著作物の権利と保護を明文化した世界で最初の法律が、１７０９年に英国で定められたアン条例

（Statute of Anne）といわれています。当時の女王の名を冠としたものです。アン条例は、新たに出版される著作物について14年間の独占権を認め、登録によって保護を受けることができることとし（方式主義）、侵害に対しては罰金を科すこととしました。

フランスでも、国王によって出版者に特権が与えられていましたが、次第に著作者の権利についての認識が深まっていきました。その背景には、欧州の大陸諸国で広がっていった精神的所有論という考え方があったとされています。

精神的所有論とは、精神的な労働によって創作をした者は、その成果である著作物に対して所有権のような支配権をもつ、という考え方です。

この考え方を背景として、手続を経ずして著作物の創作と同時に著作権が生まれる（無方式主義）、著作者の権利（right of the author）として保護を受けることができる、創作者の人格的な利益を保護する、という著作権制度が形づくられるようになりました。１７９１年のフランスでの著作権法、１８３８年のプロイセンでの著作物所有権保護法がその一例です。

米国では、その特許制度の成立ちについて先にふれたとおり、合衆国憲法には著作権についても、制度の整備が根拠づけられていました。憲法の規定に基づいて、特許法と同じ１７９０年に著作権法も定められました。

ただし、その内容については、欧州で認識が広がっていった創作者の人格的な利益の保護、というよりは、創作者の経済的な利益の保護が主な目的とされていました。著作物のタイトルの登記と国務長官への納本を要件として（方式主義）、著作権（copy right）として保護を受けることができると制定されたのでした。

その後、米国をはじめとする方式主義と欧州の各国を中心とする無方式主義との間の調整は、条約を通じて具体化されていくこととなります。

日本における知的財産制度の歩み

日本での知的財産制度については、その黎明期に重要な役割を果たした2人がいます。

福澤諭吉（1834年～1901年）と高橋是清（1854年～1936年）です。

福澤諭吉は、欧米諸国での自らの見聞や経験を帰国後に紹介した『西洋事情』を著しています。その中で、所有権のことを「私有」と称して紹介するとともに、「私有の種類になおまた一層の美を尽くし繁にてかつ密なるものあり」と述べた上で「すなわち、発明の免許、蔵版の免許等、是なり」と紹介しています（『西洋事情 外編 巻之三』）。

そして、「発明の免許」については「世に新発明の事あれば之によりて人間の洪益を成す」「故に有益の物を発明したる者へは、官府より国法を以て若干の時限を定め、その時限の間は発明によりて得るところの利潤を、ひとりその発明家に付与して、以て人心を鼓舞するの一助と為せり」「之をパテントと名づく」と述べています。

また、「蔵版の免許」については「書を著述し図を製する者も、之をその人の蔵版と為して、ひとり利を得るの免許を受け、以て私有の産と為せり」「之をコピライトと名づく」と述べています。

この刊行は1868（慶応四）年という幕末の頃のことですが、発明の免許について述べている内容はまさしく現在の特許制度の目的に引き継がれているといえます。

明治政府の時代へと改まり、知的財産制度の具体的な整備に尽力したのが高橋是清です。『高橋是清自伝』によると、文部省顧問として日本の教育制度の整備に取り組んだデヴィッド・モーレー（1830年～1905年）の通訳を務めていた高橋是清は「モーレー博士が『米国では発明、商標、版権の3つは、3つの智能的財産（Three Intellectual Properties）と称して財産中でも一番大切なものとしている故に、日本でも発明及び商標は版権と共に保護せねばならぬ』といわれた」とあります。文部省から農商務省に転じた高橋是清は、商標と特許の制度の立案に取り組みます。そして、尽力の結果、1884（明治17）年には商標登録条例と商標登録所が、1885（明治18）年には専売特許条例と専売特許所が、それぞれ成立したのでした。なお、農商務省に創設された専売特許所は、その後、1925（大正14）年の商工省の設立の際に特許局と名前を変え、1949（昭和24）年の通商産業省の設立とともに特許庁（Japan Patent Office：ＪＰＯ）となりました。

高橋是清は、初代の専売特許所長に任命されました。初代の特許庁長官ともいわれます。32歳のときのことでした。

商標と特許に続いて、意匠についても、1888（明治21）年に英国の制度にならう形で意匠条例が定められました。

著作権については、既に1869（明治2）年に出版条例が定められていましたが、その内容は、創作者の利益の保護というよりも、出版物の取締りと出版者の保護の両方を目的としたものでした。その後、1887（明治20）年になり、出版条例とは別に、版権条例が定められ、現在の著作権制度の基礎が形づくられたのでした。

このようにして生まれた知的財産制度によって、その後の日本の事業活動、研究活動、創作活動は支えられていくことになります。

日本での最初の特許は、東京の堀田瑞松による「堀田錆止塗料及ビ其塗法」という発明に対して1885（明治18）年8月に与えられました。錆止めの塗料とその塗り方についての発明です。この発明は、船底の塗料として海軍工廠で用いられて効果を挙げ、その後、ロシアなど外国にも広まっていきました。また、最初の商標の登録は、京都の平井祐喜による膏薬・丸薬の商品についてのものです。指を切ってしまった板前姿の図案に対して1885（明治18）年6月に認められています。最初の意匠の登録は、足利の須永由兵衛による織物縞（雲井織）に対して1889（明治22）年5月に認められています。

専売特許条例の制定は、多くの発明家の創作意欲を刺激することとなりました。

特許の取得を契機として事業を発展させ、その後、世界でも有数の大企業へと成長した事例もみられます。ちなみに、特許庁は、日本の特許制度100周年を機に1985（昭和60）年、歴史的な発明者の功績を長らく称える目的で「日本の10大発明家」を顕彰しています。例えば、豊田佐吉（1867年～1930年）は、その一人です。1891（明治24）年に人力織機で最初の特許を取得しました。その後も、発明や改良に取り組み、1924（大正13）年には、布を織る速度を落とさず、横糸が自動的に補充されるという画期的な自動織機（G型）を発明しました。この発明によって日本の紡織機や繊維産業は世界的なレベルへと発展していったのでした。そして、事業を通じて得られた資金をもとに、日本の自動車産業の発展もまた導かれていったのでした。

米国における知的財産制度の歩み

米国の第16代大統領のエイブラハム・リンカーン（1809年～1865年）は、奴隷解放宣言をはじめ、南北戦争の激戦地ペンシルバニア州ゲッティスバーグの戦没者霊園での「人民の、人民による、人民のための政府」（Government of the People, by the People, for the People）という演説で有名ですが、「浅瀬を航行する船」の特許を取得するなど、特許制度と深い縁のある政治家でもありました。

そのリンカーン大統領が1859年にイリノイ大学で「発見と発明」(Discovers and Inventions)と題して講演したことが語り継がれています。リンカーン大統領は「発見や発明には、観察(observation)、熟考(reflection)、そして実験(experiment)が不可欠であり、特許制度の採用によって最初の発明者に特権を認めることは、新しく有用なものを発見し、製造しようとする人々の情熱を加速する」と述べ、その上で講演の最後を「特許制度は、天才という火に利益という油を注いだ」(The patent system added the fuel of interest to the fire of genius)という言葉で締め括ったのでした。

米国の首都ワシントン特別区にあるホワイトハウスの東隣には商務省の建物があります。その東西にはそれぞれ4つの玄関があり、玄関の上には歴代大統領の言葉が刻まれています。その中で、東側の最も北寄りの玄関の上に刻まれているのが、このリンカーン大統領の言葉です。米国における建国以来の特許制度の意義に対する当時の認識の象徴、ともいわれています。電気式投票機、蓄音機、電球、映写機など生涯で合計1000件を超える特許を取得したといわれる発明家トーマス・エジソン(1847年~1931年)が活躍したのは、まさしくこのような時代でした(第一期プロ・パテント時代)。

その後、米国では1929年10月の大恐慌の勃発を契機として、反独占の考え方が支配的になっていきました。排他的独占性をもつ特許制度についても、批判的な評価が広がっていったのでした。裁判においても特許の有効性について厳しく判断する傾向が高まり、特許が無効とされる判決が数多くみられるようになりました（アンチ・パテント時代）。

米国において、特許制度の意義に対する認識が再び深まったのは、１９８０年代を迎えてからのことです。

その契機として、まず挙げられるのが第39代大統領のジミー・カーター（１９２４年〜）政権の時代の「産業技術革新についての国内政策レビュー」（Domestic Policy Review of Industrial Innovation）です。

経済や産業の低迷から脱却するための連邦政府の役割を見直し、米国の産業の技術革新を促すような制度環境づくりが重要であるとして、そのための連邦政府の取組みを強化すべきであるという提言が行われました。

この提言を受けて、知的財産権を巡る制度も整備が進んでいきます。１９８０年には、特許など連邦政府の研究の成果を民間企業に円滑に移転することを目的としたバイ・ドール法（Bayh-Dole Act）の成立、ＵＳＰＴＯ（US Patent and Trademark Office：米国特許商標庁）の機能の向上を目的とした独立会計への移行、１９８２年には、知的財産権の紛争事案を専門に取り扱うＣＡＦＣ（Court of Appeals for the Federal Circuit：連邦巡回控訴裁判所）の設立などが具体化したのでした。特に、ＣＡＦＣが設立される以前には、特許を巡る紛争事案について、解釈の違いなどで裁判所との間で対立がしばしば生じ、原告が自らにとって有利な判決が得られるように控訴裁判所を選ぶ（フォーラム・ショッピング）といった弊害が指摘されていました。ＣＡＦＣの設立は、特許を巡る紛争事案における司法判断の統一性と確実性をもたらすことによって、特許の安定性を高める効果をもたらしたといわれています。

そして、知的財産権を巡る連邦政府の取組みをさらに深めていく契機となったのが、１９８５年の「ヤング・レポート」（Global Competition / The New Reality）です。

「ヤング・レポート」は、第40代大統領のロナルド・レーガン（１９１１年〜２００４年）政権の時代、当時のヒューレット・パッカードの社長を務めていたジョン・ヤングを委員長とする産業競争力委員会によってとりまとめられた報告書です。米国の経済や産業の復権、国際競争力の回復のための方策などを提言したものです。知的財産権については、米国の国外での保護が十分ではないために、米国の産業の被害は数百億ドルにも及んでいることなどを指摘しながら、先端技術の分野での知的財産権の保護、国外での知的財産制度の整備や改善、そのための二国間や多国間の協議や交渉の重要性などを説いたのでした。

その後、１９８８年には連邦議会で包括通商競争力法（Omnibus Foreign Trade and Competitiveness Act）が成立し、知的財産権を専門に取り上げる「スペシャル３０１条」が導入されました。これは、米国の知的財産権に対する侵害が多く発生している国について連邦議会がＵＳＴ

R（US Trade Representative：米国通商代表部）から報告を受けることとし、改善がみられないときはその国に対する報復措置をとる、というものでした。

このように、特許のみならず、商標、著作権など知的財産権の保護に対する米国の取組みが強化されるとともに、知的財産権は通商交渉における重要な課題の1つとして取り上げられるようになっていきました。

米国の経済や産業にとって、グローバルな市場や技術の発展と普及の主導権を握り続けていく上で知的財産権が重要な役割を果たすという認識が深まっていくとともに、連邦政府としても具体的な成果を求めていくこととなるのでした（第二期プロ・パテント時代）。

新しい領域での米国の司法判断

また、米国の司法判断も知的財産権の保護を通じて経済や産業の発展に貢献したといわれています。その中でも、新しい領域で特許を認めた3つの重要な判決にふれます。

まず、1つが、人工微生物を特許の対象として認めた1980年6月のチャクラパティ連邦最高裁判決です。

タンカーの事故によって海上に流出する原油がもたらす環境汚染や漁場被害への対策として、ゼネラル・エレクトリック（GE）のインド系研究者チャクラパティは、原油を分解して浄化する人工微生物（合成バクテリア）を生み出しました。特許の出願をしましたが、人工微生物は生物であり、生物は特許の対象にはならない、という従来からの考え方のもとで特許は認められませんでした。確かに、自然に存在する生物や鉱物は発明の前からあるものですから、特許の対象にはならないことになります。

これに対して、チャクラパティは、人工微生物は、生物ではあっても天然には存在しないものであり、創作物であって人間がつくり出した発明である、と主張しました。連邦最高裁は、この主張を認め、特許の対象となり得ると判断したのでした。

この判決は、バイオテクノロジーに関する技術に特許が認められるという重要な先例となり、その後、特許の対象は、遺伝子工学を用いた植物の新品種、実験用動物、さらには、ヒト遺伝子へと広がっていきました。

バイオテクノロジーの領域における特許の確実性を高め、産業としての発展、研究と開発への投資などを促す重要な契機の一つになったのでした。

続いて、2つめが、コンピュータのソフトウェアによる管理方法を特許の対象として認めた1981年3月のディーア連邦最高裁判決です。

ディーアの発明は、ゴム製品の成型プレスのための最適な温度や圧力条件について、コンピュータを用いて計算する運転の管理方法についてのものでした。特許の出願をしましたが、抽象的なアイディアは特許の対象にはならない、人間の思考過程（「メンタル・ステップ」）は反復性や確実性に欠けるので特許の対象にはならない、などの理由によって特許は認められませんでした。

当時、特許を受けることができる発明については、方法（process）、機械（machine）、製品（manufacture）、組成物（composition of matter）の四つに限定してとらえられていたため、コンピュータのソフトウェア自体は特許の対象にはならないとされていたのでした。

これに対して、ディーアは、計算方式そのものを特許の対象とするのではなく、コンピュータのソフトウェアを利用した運転の管理方法が新しい発明であり、特許の対象となり得るものである、と主張し、連邦最高裁は、この主張を認めたのでした。

この判決については、コンピュータのソフトウェアが特許の対象となることを正面から認めたものではないともいわれていますが、ソフトウェアを用いた発明が特許を取得する事例が飛躍的に増えていく契機となったのでした。

そして、3つめが、シグナチャーの考案したビジネスモデル（ビジネス方法）を特許の対象として認めた1998年7月のCAFC（連邦巡回控訴裁判所）判決です。

ビジネスモデル特許とは、コンピュータを活用するビジネスの方法や、その方法を実行するためのシステムを対象として認められた特許です。

シグナチャーは、投資の管理方法に関する特許を取得し、この方法によって多くの投資家を募り、投資信託の事業を拡大していました。ステート・ストリート・バンクはシグナチャーの特許の無効を主張し、連邦地裁は、その主張を認め、ビジネスモデルは特許の対象にはならないと判断したのでした。

控訴を受けたCAFCは、連邦地裁の判決を破棄し、シグナチャーの特許が有効であると判断しました。その後、連邦最高裁は上告を受理せず、紛争事案としては連邦地裁に差し戻され、その審理中に和解に至りました。

投資信託という領域でビジネスの方法についての特許が認められたことで、米国の国内にとどまらず、欧州や日本でも、ビジネスモデル特許の出願が盛んになり、紛争事案も数多くみられるようになりました。

その後、CAFCでは、ビジネスモデルの発明について、ビジネスを実行するための方法・機械の場合やそれらの改良に該当する場合に特許を認める判決を重ねていきました。

このように、バイオテクノロジー、コンピュータのソフトウェア、ビジネスモデルといった新しい領域で特許を認める司法判断は、これらの領域での創造的な技術研究開発と事業活動の展開を促していったのでした。

2　国際的な保護の進展

パリ条約とベルヌ条約

知的財産制度の歩みを振り返ると、経済や文化の国境を越えた広がりを背景として、知的財産の国境を越えた保護の必要性が高まり、各国が相互に理解を深めながら国境を越えた共通の制度や仕組みづくりに取り組んでいったことを改めて認識することができます。

国境を越えた保護について重要な役割を果たした2つの国際条約が19世紀後半に成立しています。1つが1883年の工業所有権の保護に関するパリ条約（万国工業所有権保護同盟条約）、もう1つが1886年の文学的および美術的著作物の保護に関するベルヌ条約です。

まず、1883年のパリ条約は、特許、意匠、商標などの工業所有権を対象として、それらの保護について3つの原則（工業所有権3原則）を定めたものです。

すなわち、①条約の加盟国（同盟国）は、自国の国民に与えている利益を他の加盟国の国民に対しても与えなければならないこと（内国民待遇の原則）、②加盟国のいずれかで最初の出願をした場合、その後に他の加盟国で同じ内容の出願をしたとしても、最初の出願から一定の期間内であれば、最初の出願の時点で出願をしたものとして取り扱うこと（優先権制度の原則）、③権利としての発生、無効、消滅などについて各加盟国は相互に影響されないこと（独立の原則）などです。

例えば、特許に関する優先権制度についていうと、加盟国（第1国）で出願をした場合、1年以内に他の加盟国（第2国）で同じ内容の出願をしたときに、第2国での出願の審査に関しては、その出願が第1国での出願の日に行われたものとして取り扱われることになります。

日本は、1899（明治32）年にパリ条約に加盟しています。

なお、パリ条約のための国際会議が開かれた背景には、1873年のウィーン万国博覧会の開催がありました。開催地オーストリアの制度では、1年間実施されない特許は強制的に収用されることにされていました。博覧会に出展することで技術が盗み取られてしまうことや、仮に特許を取得しても権利を全うできないリスクがあることなどから、英国、米国などは革新的な発明や製品の出展に消極的でした。出展を巡る課題を検討するために、ウィーンで国際会議が開かれることとなり、工業所有権の国際的な保護の重要性についての認識が高まっていきました。そして、1878年のパリ万国博覧会の開催に際して再び国際会議が開かれ、その後の検討が重ねられ、条約の制定へと展開していったのでした。

また、1886年のベルヌ条約は、著作権を対象として、その保護についての原則を定めたものです。

すなわち、①加盟国が自国の国民である著作者に与えている保護を他の加盟国の国民である著作者に対しても与えなければならないこと（内国民待遇の原則）、②著作者による主張や宣言などがなくとも、著作物の創作と同時に著作権が生まれること（無方式主義の原則）、③著作権の存続期間（保護期間）は著作物を創作したときに始まり、著作者の死後50年とすること、④著作者には著作権とともに一身専属の権利としての著作者人格権を認めること、⑤条約に加盟する前に創作された著作物であっても、加盟国は保護すること（遡及効の原則）などです。このように、条約によって加盟国には他の加盟国の著作物を保護する義務があることを端的に表したのが「著作権に国境はない」という表現です。

なお、フランスの作家ヴィクトル・ユーゴー（1802年～1885年）は、著作権の国際的な保護の重要性を訴え、ベルヌ条約のための国際会議の開催に尽力したことが知られています。

いずれの条約も、その後の改正を重ねて今日に至っていますが、知的財産権の国際的な保護についての基礎的な枠組みは、これらの2つの条約によって形づくられたということができます。

日本は、1899（明治32）年にベルヌ条約に加盟しています。

米国は、先にふれたとおり、著作権の保護については方式主義を採用し、これを維持していたので、ベルヌ条約には長らく参加しませんでした。無方式主義への改正などを経て、米国がベルヌ条約に加盟したのは、1989年のことです。

なお、ベルヌ条約に加盟している無方式主義の国の著作物について、方式主義を採用している国でも保護をするために、1952年に万国著作権条約が制定されました。Ⓒマーク、著作権者名、最初の発行年を表示することで方式主義の国でも著作物が保護されることとなったのでした。

パリ条約とベルヌ条約を運営するために設立されたそれぞれの事務局は、1892年に統合され、知的財産権についてのさまざまな国際条約の策定や管理を一括して担うようになりました。

この活動がWIPO（World Intellectual Property Organization：世界知的所有権機関）へと引き継がれていくのでした。

WIPO（世界知的所有権機関）

知的財産権の国際的な保護についてパリ条約やベルヌ条約によって形づくられた枠組みは、さらなる展開を遂げていきます。

その重要な舞台となったのがWIPO（世界知的所有権機関）です。

1970年に設立されたWIPOは、知的財産権の国際的な保護のための国際条約の策定や管理、参加各国の制度の調和、特許の一括出願や意匠・商標の国際登録出願などの制度の運営、途上国での立法などに対する技術的な支援、調査研究などを担っています。1974年12月には国際連合の専門機関となりました。スイスのジュネーブに本部を置いています。なお、今日では188の国が加盟し、オブザーバーとして、パレスチナ、74の政府間組織、３３６の非政府組織（Non-Government Organization：ＮＧＯ）が参加しています（２０１５年10月時点）。

日本は、１９６５（昭和50）年にＷＩＰＯに加盟しています。

その設立から１９９０年代にかけてのＷＩＰＯの歩みを振り返ると、大きく3つの動きを挙げることができます。

１つは、途上国の動きです。

１９６０年代に植民地支配から独立を果たしていった途上国では、先進国からの技術の移転の促進や先進国の企業による不公正な商慣行の是正を求める動きが次第に高まっていきました。この動きは、１９７４年に国連で採択された「新国際経済秩序」（New International Economic Order）の決議にも表れています。

このような背景のもと、ＷＩＰＯにおいても、先進国からの技術の移転をより円滑にするために、特許の機能を弱める方向でパリ条約を改正しようとする途上国の動きが強まり、先進国との間で南北対立をもたらしていきました。

もう1つは、共産主義諸国の動きです。

これらの国々では特許を国がもつこととされていました。知的財産制度に対する基本的な考え方が欧米諸国とは異なっていたのですが、例えば、ソビエト連邦での特許の出願件数は、１９６４年から

1988年までの間、常に米国を上回り、ピーク時の1988年には17万8000件に達するなど、年間10万件を超える水準で推移し続けていました。このような数の実績を背景として国際的な議論の場に臨んでいたのでした。

中国については、1980年にWIPOに加盟したとはいえ、文化大革命を経た後の鄧小平（1904年〜1997年）による改革開放の基本国策の一環として知的財産制度の設計が具体化して整備が進み、特許法（専利法）が成立して施行されたのは、1985年のことでした。

欧米諸国の資本主義と拮抗する中で、特許制度の内容や整備の実情についての大きな相違があった当時の共産主義諸国としては、知的財産権の国際的な保護について欧米諸国に同調するというよりは、基本的に途上国寄りの立場に立っていました。

そして、米国の動きです。先にふれたとおり、米国は、1980年代半ば以降、経済や産業の復権と国際競争力の回復を目指して、知的財産権の国際的な保護のための二国間や多国間の協議や交渉などを積極的に展開していったのでした。

WIPOにおいても、米国は、特許の保護、商標や著作権の模倣品や海賊版に対する取組みなどの必要性を強調し、議論を主導したのでした。

国際出願・国際登録出願

ＷＩＰＯ（世界知的所有権機関）の歩みを振り返る中での重要な成果として、特許の国際出願と意匠・商標の国際登録出願の制度を挙げることができます。

パリ条約によって定められた独立の原則によれば、権利として保護を受けるためには、保護を受けようとする各国で権利を取得することが必要になります。したがって、各国それぞれで出願の手続をしなければならないことになります。

しかし、各国の出願の手続には共通するものもあり、にもかかわらず、それぞれの手続をとらなければならないというのは、出願をする立場にとっても、また、審査をする立場にとっても重複する負担となります。

そこで、出願について、ＷＩＰＯを中心に、各国の手続を共通化しようとする動きが生まれてきました。

その動きの１つが、各国での手続とは別に、一括して出願をすることで直接的に各国での出願をした場合と同じ効果を認めようとする国際出願の制度づくりです。

まず、商標について、欧州諸国を中心に議論が進んでいきました。

１８９１年には標章の国際登録に関するマドリッド協定という合意ができました。ただし、この協定は、審査を必要とせずに権利を認める制度（無審査主義）を基礎としてつくられたものでしたので、審査を経て権利を認める制度（審査主義）を採用している日本も米国も加盟していませんでした。その後、審査主義を採用している国も利用できるように議論が重ねられ、この協定とは別個の独立した条約として1986年にマドリッド協定議定書が成立しました。1996年からWIPOによる運用が始まりました。

日本は、1999（平成11）年に加盟しています。

この商標の国際登録制度については、マドリッド制度とかマドリッド・プロトコールといわれることがあります。

マドリッド制度では、出願人は、商標の権利を登録したい国を指定して、国際出願をします。国際出願の内容は、WIPOが管理する原簿（国際登録簿）に掲載され（国際登録）、公表されるとともに、指定した国に通報されます。この通報から一定の期間内に出願人が指定した国の当局が拒絶しない限り、出願人は、指定した国に直接に出願をしたのと同じ保護を受けることができます。

同様の仕組みは、意匠にも導入されました。

1925年には意匠の国際寄託に関するハーグ協定という合意ができました。この協定も、商標のマドリッド協定と同様に、1つの出願によって複数の国での意匠の保護を可能とする制度でしたが、無審査主義を基礎としてつくられたものでした。その後、審査主義を採用している国も利用できるようにハーグ協定の改正が行われ、1999年にはジュネーブ改正協定として成立しました。

この改正協定による意匠の国際登録制度は、単にハーグ制度といわれることがあります。日本は、２０１５（平成27）年2月にジュネーブ改正協定に加入しています。米国もちょうど同じ日に加入しました。

ハーグ制度では、出願人は、意匠の権利を登録したい国を指定して、国際出願をします。国際出願の内容は、ＷＩＰＯが管理する原簿（国際登録簿）に掲載され（国際登録）、原則として6か月が経過すると公表されます（国際公表）。国際公表から一定の期間内に、出願人が指定した国の当局が拒絶しない限り、出願人は、指定した国に直接に出願をしたのと同じ保護を受けることができます。

特許については、１９７０年に特許協力条約（Patent Cooperation Treaty：ＰＣＴ）が合意されました。

国際出願（ＰＣＴ出願）という1つの出願をすることで、条約に参加している複数の国に出願をしたのと同様の効果をもつこととされました。

日本は、１９７０（昭和45）年に加盟しています。

この制度は、国際特許とか世界特許といわれることがあります。しかし、1つの出願をして単一の審査を経ることで複数の国でも有効な特許を得ることができる、という制度ではありません。あくまでも審査については、特許を得ようとする各国の当局に委ねられています。

なお、この制度では、例えば、同じ内容の発明が既に公表されていないかどうかなど、特許を取得する見込みがあるかどうかについての調査を出願人が受け取ることができる仕組み（国際調査報告）が導入されています。この調査は、出願人の指定に基づいて、特許の審査に必要な技術に関する情報についての経験と蓄積をもっている国の当局によって行われます（国際調査機関）。

このように、特許の国際出願の制度によって、出願人にとっては、出願の手続に関する時間や費用の負担を軽減することができますし、条約の加盟国の当局にとっても、国際調査報告を通じて技術に関する情報を有効に活用することで審査の効率性や確実性を高めることができる、という効果がもたらされるのです。

特許の国際出願の動向

特許の国際出願や意匠・商標の国際登録出願について、具体的な動向をみてみます。

まず、特許協力条約（ＰＣＴ）に基づく国際特許についてです。

特許協力条約の加盟国は、１４８か国（２０１５年10月時点）を数えています。その数は、２０１３（平成25）年から横ばいで推移していますが、ＷＩＰＯ（世界知的所有権機関）の資料によると、国際特許の出願件数は、２００６（平成18）年の15万件が２０１３（平成25）年に20万５０００件、２０１５（平成27）年には21万８０００件に至っており、10年間で45％も増加しています。なお、この10年間の日本の出願人による国際特許の出願は、２万７０００件から４万４０００件へと63％の増加となっています。全体の伸びよりも高い水準となっているのです（参考10①）。

この制度を最も数多く利用しているのは、米国の出願人です。2015（平成27）年では全体の26％に相当する5万7000件に及んでいます。日本の出願人は、米国に続いています（参考10②）。

2015（平成27）年での状況をみると、出願の分野とその全体に占めるウェイトについては、件数の多い順に、コンピューター：8・2％、デジタル通信：8・0％、電子機器・エネルギー：7・3％、医療技術：6・3％、輸送：4・1％となっています。

また、出願件数の多い出願人については、第1位は中国のHuawei Technologies（華為技術）で3898件となっており、第2位のクアルコムの2442件を大きく引き離しています（参考10③）。以下、ZTE（中興通訊）、サムスン電子と続き、その後に、日本の企業ではトップとなる三菱電機、

参考10①　国際特許の出願件数（全体・日本の出願人）

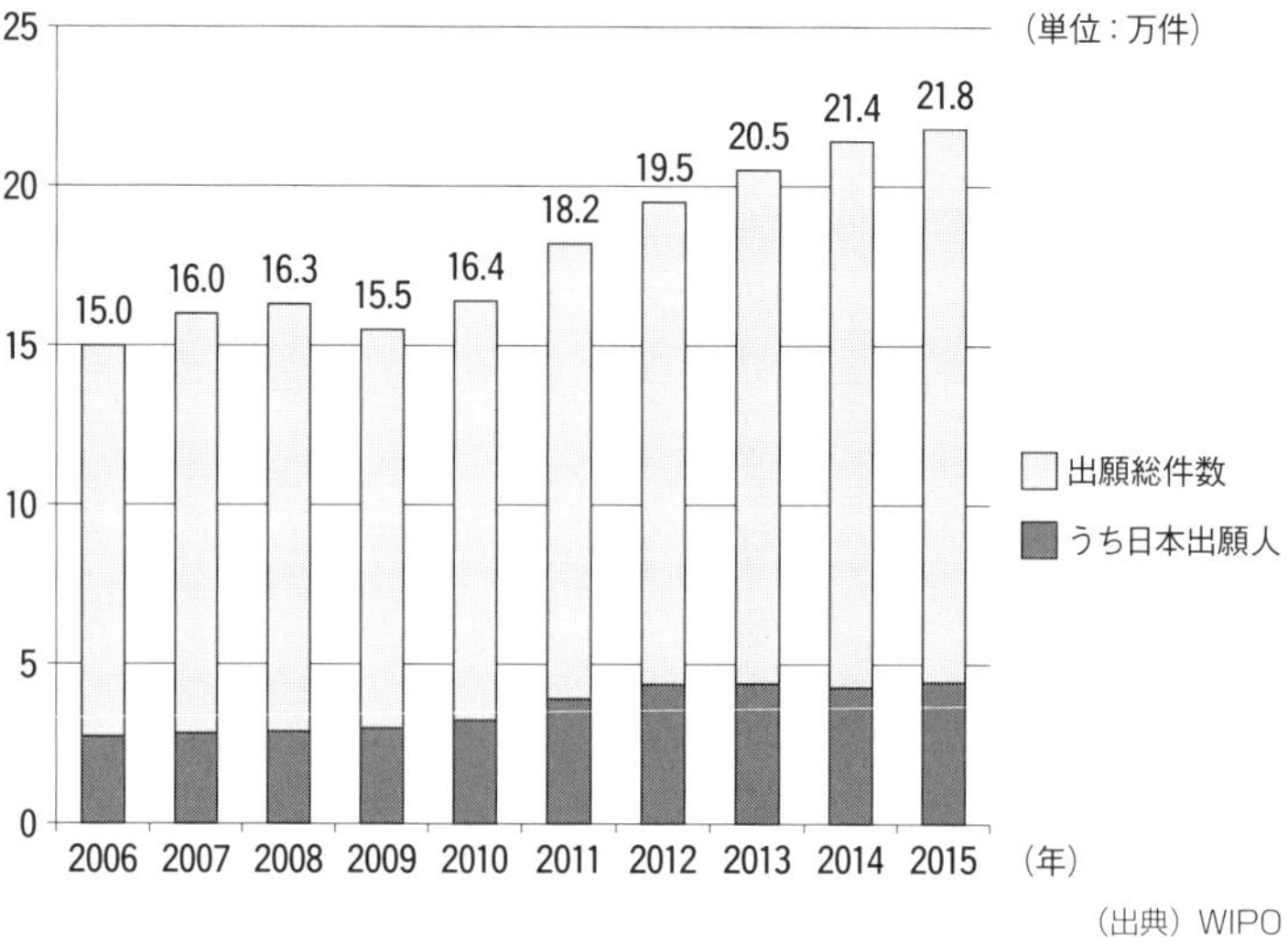

（出典）WIPO

さらに、ソニー、トヨタ自動車、パナソニック、日立製作所、シャープという6つの日本の大企業の名前が上位20者の中に挙がっています。

これらの6社をはじめとする日本の大企業について、過去10年間の国際特許の出願件数の推移をまとめたものが参考10④です。

これによると、三菱電機やソニーをはじめとして出願を趨勢的に増やしている企業もあれば、パナソニック、トヨタ自動車、シャープのように２０１２（平成24）年や２０１３（平成25）年をピークとして減少に転じている企業もあります。２００６（平成18）年から２０１５（平成27）年までの10年間での日本の出願人については、全体では国際特許の出願件数は高い伸びでしたが、そのうちのエレクトロニクス関連企業については、分野を同じくするとはいっても、事業活動の動向や経営状況などを背景として、企業によって傾向が大きく分かれることがわかります。ちなみに、日本の主要な

参考10②　国際特許の出願件数（2015年）

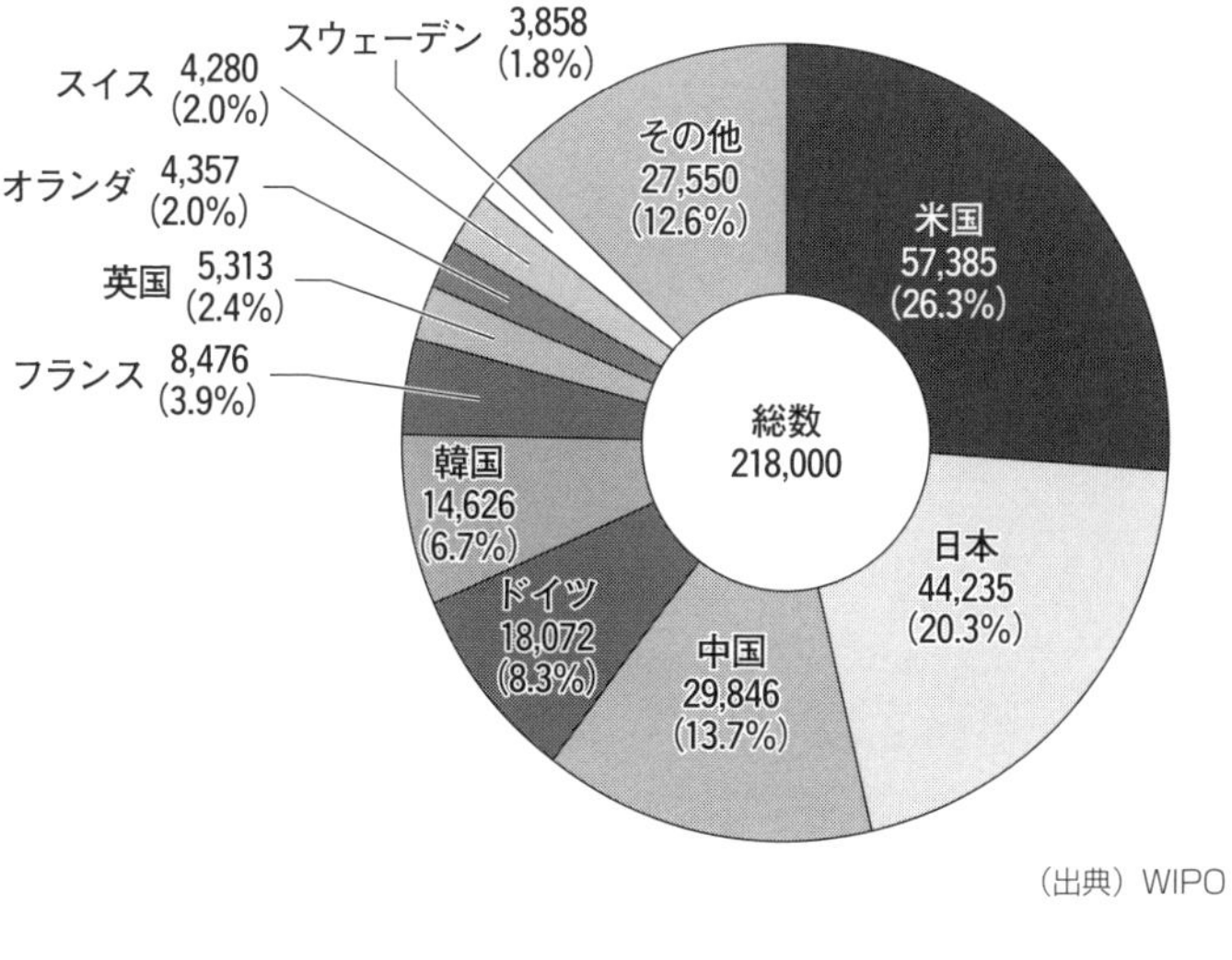

（出典）WIPO

参考10③　国際特許の出願件数上位10者（2015年）

順位	出願人	出願件数	前年件数
1	Huawei Technologies 華為技術	3,898	3,442
2	Qualcomm	2,442	2,409
3	ZTE 中興通訊	2,155	2,179
4	Samsung Electronics	1,683	1,381
5	Mitsubishi Electric	1,593	1,593
6	Ericsson	1,481	1,512
7	LG Electronics	1,457	1,138
8	Sony	1,381	982
9	Philips Electronics	1,378	1,391
10	Hewlett-Packard	1,310	826

（出典）WIPO

参考10④　日本の出願人による国際特許の出願件数

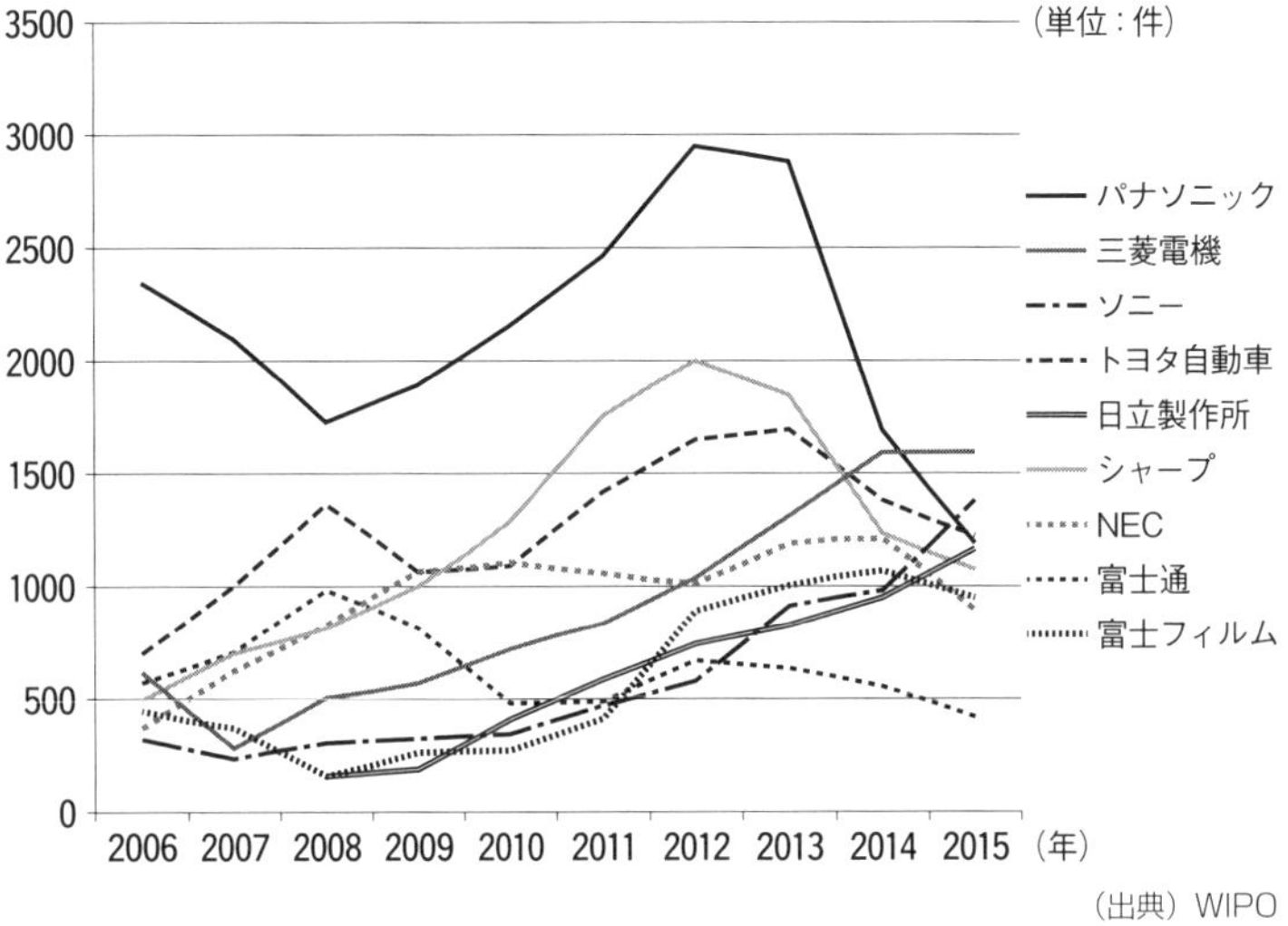

（出典）WIPO

エレクトロニクス関連企業の米国での特許の登録件数をみても、企業による傾向に差異があることがわかります（参考11①〜③）。

ただし、日本の企業に限らず、グローバルな事業活動に応じた特許の出願については、国際特許の制度に拠ることなく、直接に外国の当局に出願をすることも少なくありません。その意味で、国際特許の制度は、国境を越えた保護のための手段のうちの１つということになりますが、日本の大企業による利用の実績は、グローバルな市場での知的財産の積極的な活動を表すものといえます。

意匠・商標の国際登録出願の動向

次に、意匠の国際登録出願（ハーグ制度）についてです。ＷＩＰＯ（世界知的所有権機関）の資料によると、出願件数は、２０１５（平成27）年で４１１１件と、前年（２０１４年）よりも14％増えています（参考12①）。

参考11①　米国での特許の登録件数（2014年）

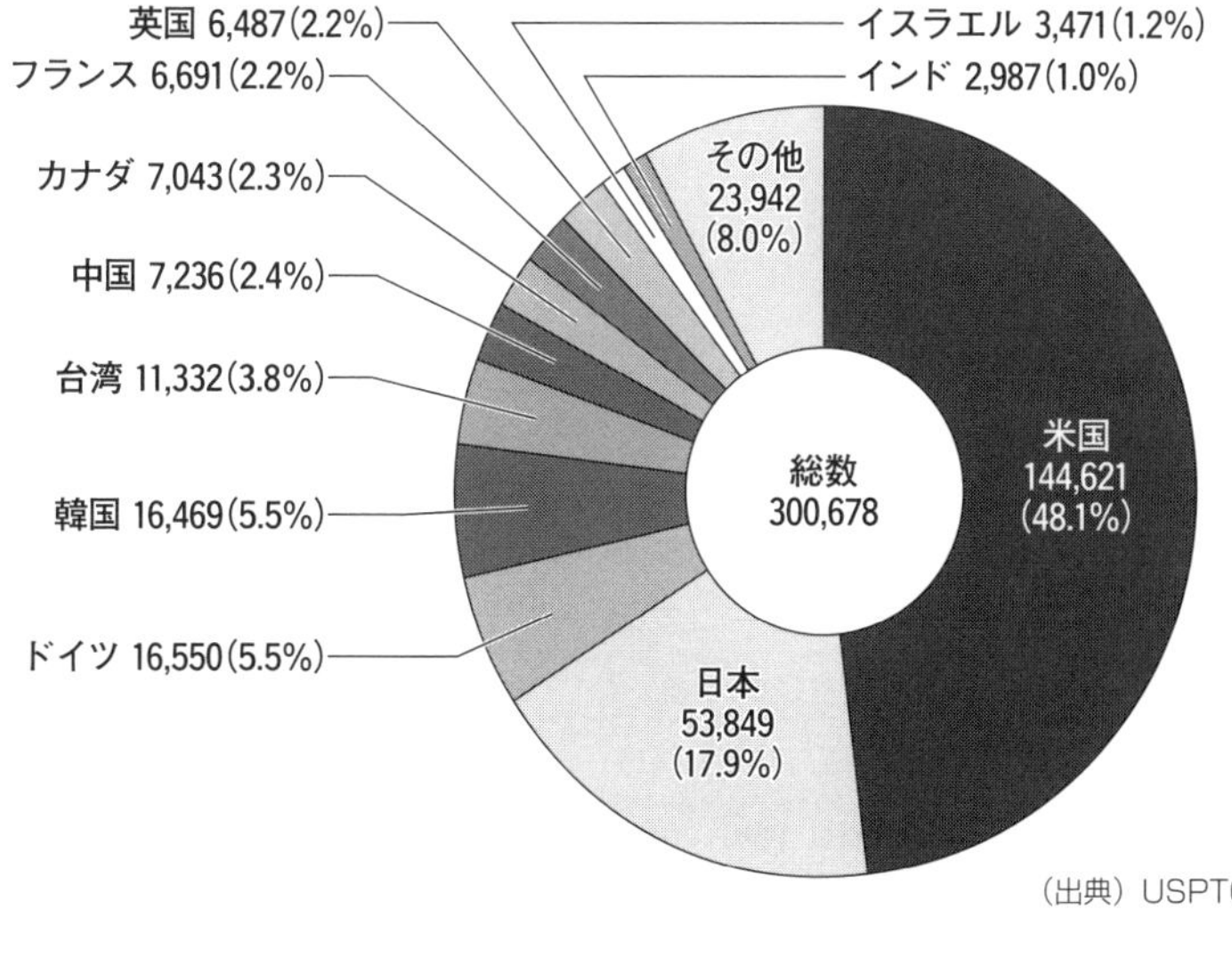

（出典）USPTO

参考11② 米国での特許の登録件数上位10者（2015年）

順位	出願人	2015	2014	2013
1	IBM	7,355	7,534	6,788
2	Samsung Electronics	5,072	4,952	4,652
3	Canon	4,134	4,055	3,820
4	Qualcomm	2,900	2,586	2,103
5	Google	2,835	2,566	2,190
6	Toshiba	2,627	2,608	2,365
7	Sony	2,455	3,224	3,073
8	LG Electronics	2,242	2,122	1,945
9	Intel	2,048	1,537	1,454
10	Microsoft	1,956	2,829	2,659

（出典）USPTO

参考11③ 日本の出願人による米国での特許の登録件数

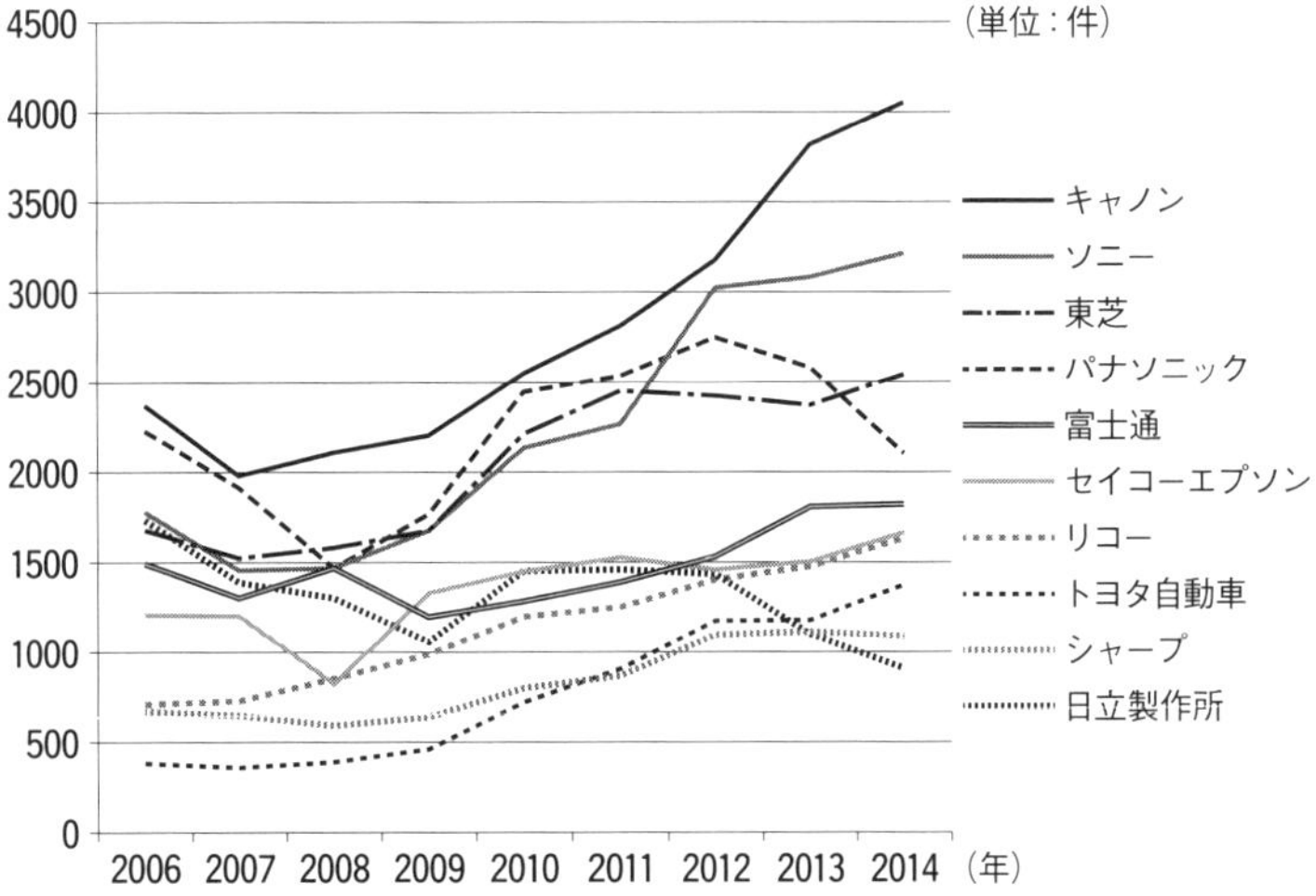

（出典）USPTO

この制度を最も数多く利用しているのは、スイスの出願人です。２０１５（平成27）年では全体の18％、７４７件、次いでドイツ（６４５件：16％）、以下、韓国（５４８件：13％）、フランス（３９１件：10％）、イタリア（２９７件：７％）と続いています。米国と日本は、ハーグ制度に参加して（２０１５年2月）間もないものの、同年（２０１５年）での実績は、それぞれ、２１０件（５％）、１２５件（３％）となっています。ハーグ制度が無審査主義の欧州諸国の制度を基礎として成立したことを背景として、出願件数の多い上位には欧州の各国が並んでいます。

２０１５（平成27）年での状況をみると、出願の分野とその全体に占めるウェイトについては、件数の多い順に、記録・通信機器・ディスプレイ・アイコンなど：２・３％、時計：２・０％、自動車・自転車など車両：１・６％、箱・輸送用容器：１・５％、家具：１・５％となっています。

また、出願件数の多い出願人については、第１位はサムス

参考12①　意匠国際登録の出願件数（2015年）

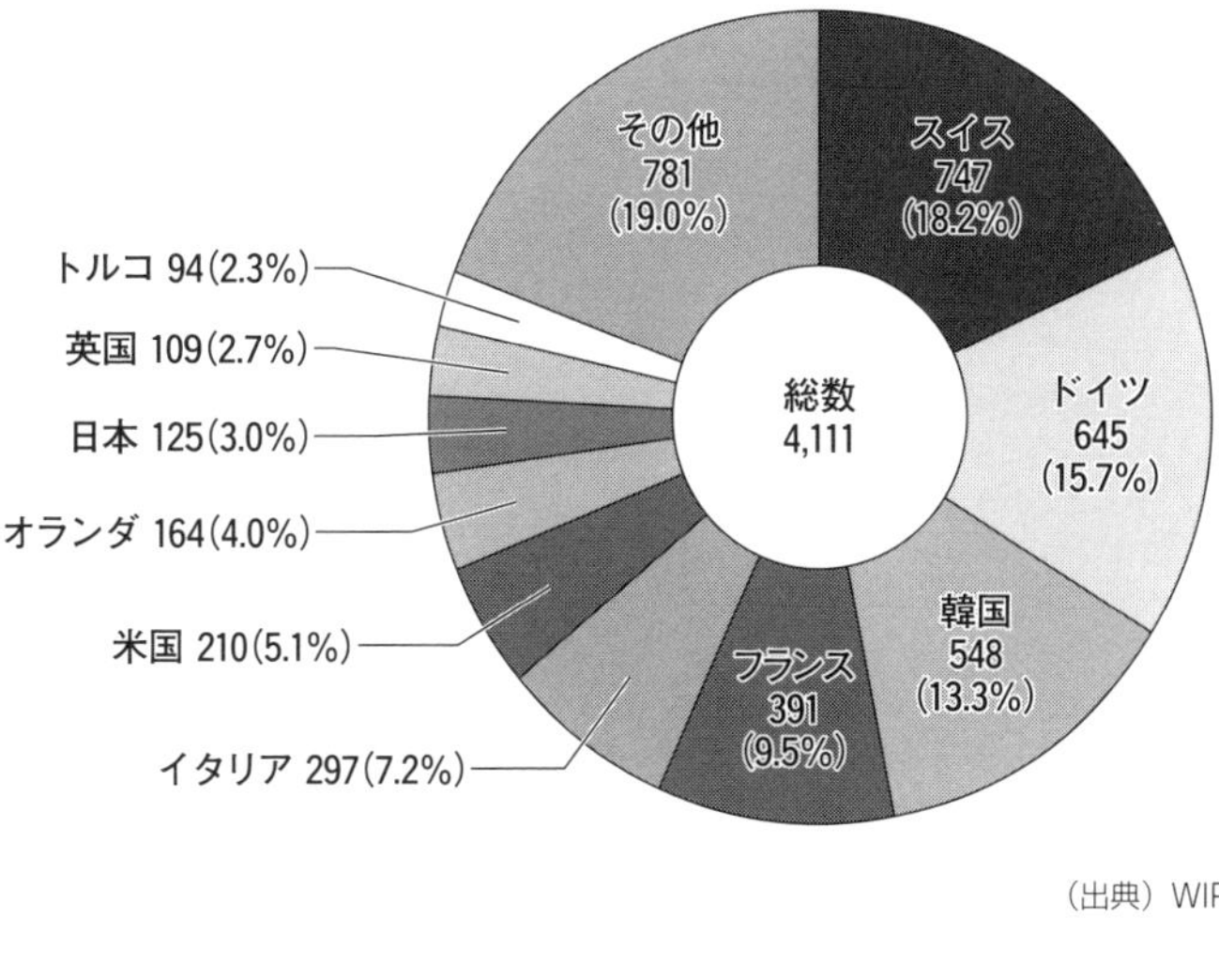

（出典）WIPO

ン電子（韓国）で全体の11％に相当する435件に及んでいます。次いで、スウォッチ（時計：スイス）、以下、フィリップス（家電：オランダ）、フォルクスワーゲン（ドイツ）、プロクター・アンド・ギャンブル（米国）と続いています（参考12②）。

そして、商標の国際登録出願（マドリッド制度）についてです。

出願件数は、2006（平成18）年の3万6000件が2015（平成27）年には4万9000件に至っており、10年間で36％増加しています。なお、この10年間でみると、日本の出願人による国際登録出願は、847件（2006年）から2205件（2015年）へと2・4倍という高い伸びとなっています。

この制度を最も数多く利用しているのは、特許

参考12②　意匠国際登録の出願件数上位10者（2015年）

順位	出願人	出願件数	前年件数
1	Samsung Electronics	435	40
2	Swatch	150	98
3	Koninklijke Philips	77	62
4	Volkswagen	53	46
5	Procter & Gamble	46	95
6	Daimler	41	59
7	Harry Winston	38	21
8	Flos	34	NA
9	Renault	31	15
10	Gillette	26	27

（出典）WIPO

参考13① 商標国際登録の出願件数（2015年）

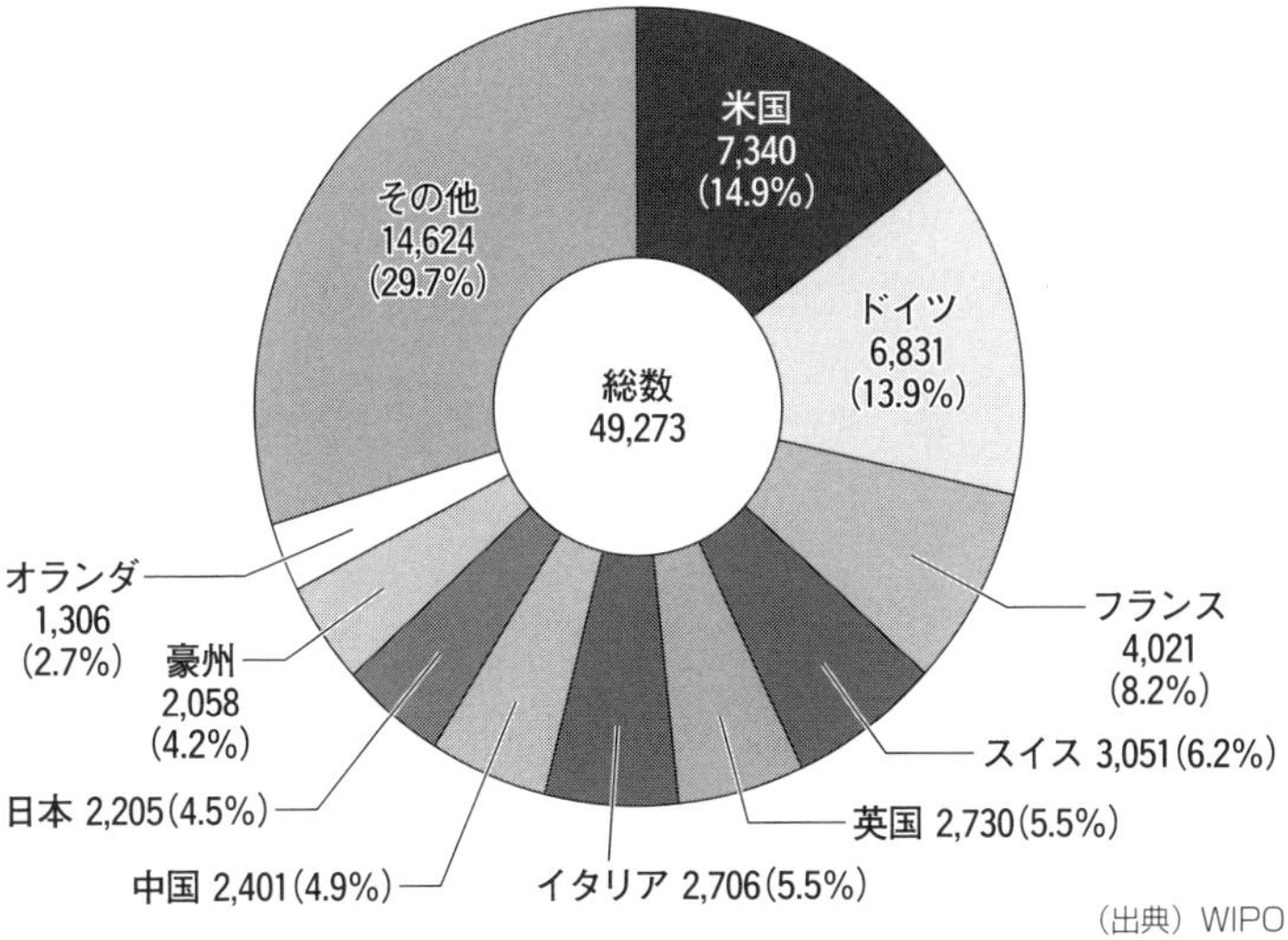

（出典）WIPO

参考13② 商標国際登録の出願件数上位10者（2015年）

順位	出願人	出願件数	前年件数
1	Novartis	197	281
2	Lidl	152	128
3	L'Oréal	130	94
4	Philips Electronics	126	85
5	Richter Gedeon Nyrt	124	20
6	Boehringer Ingelheim	90	92
7	Apple	85	50
8	Daimler	83	61
9	Biofarma	81	40
10	Glaxo Group Limited	68	234

（出典）WIPO

の国際出願と同様、米国の出願人です。2015(平成27)年では全体の15%、7340件に及んでいます。米国に続くのがドイツ(6831件:14%)、フランス(4021件:8%)、スイス(3051件:6%)、英国(2730件:6%)、イタリア(2706件:6%)、中国(2401件:5%)となっています。日本は、それらに次いでいます(参考13①)。

2015(平成27)年の状況をみると、出願の分野とその全体に占めるウェイトについては、件数の多い順に、コンピュータ・エレクトロニクス:25・2%、広告・保険:21・2%、技術サービス:15・7%、宝飾品・衣料:12・6%、余暇・教育関連:12・5%となっています。

また、出願件数の多い出願人については、第1位はノバルティス(製薬:スイス)で197件となっており、以下、リドル(ディスカウント・スーパー:ドイツ)、ロレアル(化粧品:フランス)、フィリップス(電気:オランダ)、ゲデオンリヒター(製薬:ハンガリー)、ベーリンガーインゲルハイム(製薬:ドイツ)、アップル(米国)、ダイムラー(ドイツ)と続いています。上位に、製薬関連企業の名前が目立っています(参考13②)。

3　新たな枠組みと制度の調和

ＴＲＩＰｓ協定（知的財産権の貿易関連の側面に関する協定）

知的財産権の国際的な保護について、新しく重要な枠組みをもたらしたのが、ＴＲＩＰｓ協定（Agreement on Trade-Related Aspects of Intellectual Property Rights：知的財産権の貿易関連の側面に関する協定）です。

ＴＲＩＰｓ協定は、権利の保護のみならず、権利の行使（エンフォースメント）に関する手続などの整備を参加国に義務づけることを目的とした多国間の協定です。

ＷＩＰＯ（世界知的所有権機関）では、パリ条約やベルヌ条約の運営とそれらの改正や新たな条約の締結などを通じ、知的財産権の国際的な保護に取り組んではいましたが、民事上や行政上の救済措置など権利の行使について定めた条約の締結には至っていませんでした。ＷＩＰＯでは先進国と途上国との南北間対立の構造が次第に深まり、政治的な議論が繰り返されるようになっていました。そのような状況にはありましたが、模倣品や海賊版に対する効果的な措置の導入の必要性は、米国など先進国の働きかけを背景として、ＷＩＰＯもさることながら二国間や多国間の通商交渉の中での重要な課題として位置づけられるようになりました。

そこで、ＷＩＰＯの枠組みとは別に、ＧＡＴＴ（関税及び貿易に関する一般協定）ウルグアイ・ラウンドという多国間の通商交渉での新しい分野として知的財産権が取り上げられることとなりました。米国をはじめとする先進国は知的財産権の保護の強化を主張し、農業や繊維の分野での先進国による譲歩を背景として、途上国も交渉に参加することとなりました。交渉の結果、１９９１（平成３）年に最終合意案に至り、１９９３（平成５）年末にはＴＲＩＰｓ協定がＷＴＯ（World Trade Organization：世界貿易機関）を設立する協定の一環（ＷＴＯ設立協定付属文書）として合意されることとなりました。

ＴＲＩＰｓ協定は、①ＴＲＩＰｓ協定で定める内容はすべての参加国が一律に遵守すべき最低水準であり、各国の事情に応じた例外は認めないこと（ミニマム・スタンダードの原則）、②パリ条約やベルヌ条約が参加国に求めている水準を上回る内容の保護をすること（パリ・プラス・アプローチ、ベルヌ・プラス・アプローチ）、③自国の国民に与えている保護を他の参加国の国民に対しても与えなければならないこと（内国民待遇の原則）、④参加国が二国間でＴＲＩＰｓ協定の水準を上回る内容の保護を定める場合は、他の参加国にもその保護を均霑すること（最恵国待遇の原則）、などの基本原則を定めています。そして、手続の公正や公平のあり方、差止命令など民事上や行政上の救済措置のあり方、地理的表示（前掲の第１章３「商標と地理的表示」参照）などについても定めています。

ＴＲＩＰｓ協定は、権利の行使のあり方も含めた知的財産権の国際的な保護が通商交渉の課題の１つとして取り扱われ、その結果、制度や仕組みに関する原則や考え方について条約という形で成果がもたらされたものです。世界の知的財産制度の歩みの中でも重要な意義をもつものです。

このような国境を越えた制度や仕組みづくりの進展とともに、日本のみならず各国のそれぞれの知的財産制度もまた、知的財産権の国際的な保護の強化に応じて国内の措置の改善の途を歩んでいったのでした。

手続の統一化と米国の先願主義への移行

21世紀を迎えて今日に至るまでの間のＷＩＰＯ（世界知的所有権機関）、米国、欧州の動きをはじめとして、制度の国際的な調和の動向について述べます。

ＷＩＰＯにおいては、先にふれたとおり、国際出願の制度づくりが具体化していましたが、さらに、二国間や多国間の協議や交渉を通じて、各国の国内制度そのものを共通のものにしようとする動きが生まれてきました。

特許は、制度の国際的な調和のための議論が１９８０年代半ばには条約づくりへと進展していきました。その草案での焦点の１つとなったのが、同じ内容の発明が別々に出願されたときに、先に出願をした者が優先する、という先願主義の採用でした。長い間、米国は先願主義の採用に強く反対します。その結果、１９９４（平成6）年には特許の制度の調和についてのＷＩＰＯでの議論は一時、暗礁に乗り上げたのでした。

しかし、実現できることから制度の国際的な調和を図ろうとする大きな流れ自体は維持されていきます。まずは手続を中心に議論が重ねられていったのでした。

そして、２０００（平成12）年に特許法条約（Patent Law Treaty：ＰＬＴ）が合意されました。特許法条約は、各国で異なる特許の出願に関する手続の統一化と簡素化をすることで、出願人の負担を軽減しようとするものです。

また、商標についても、出願の手続の統一化と簡素化を目的として、２００６（平成18）年に商標法に関するシンガポール条約（Singapore Treaty on the Law of Trademarks：ＳＴＬＴ）という合意ができました。

さらに、意匠については、条約案が２０１３（平成25）年に提示され、現在、合意に向けての議論が重ねられているところです。

そして、このような条約づくりの進展とともに、二国間や多国間の協議や交渉を通じてＷＩＰＯを舞台として、手続に限らず実体的な調和に向けた議論が続けられています。

この間、米国では、重要な転機を迎えます。

それは、特許制度の先発明主義（First-to-Invent System）から先願主義（First-to-File System）

への移行でした。

先にふれたとおり（前掲の第1章2「出願・審査請求・審査」参照）、同じ内容の発明が別々に出願されたときに、そのいずれに特許を与えるのか、という考え方として、先に出願をした者が優先する、というのが先願主義です。これに対して、先に発明をした者が優先する、というのが先発明主義です。例えば、先発明主義に拠れば、論文などで公表し、未だ出願はしていないうちに、同じ内容の発明が他者によって出願をされてしまった場合でも、その発明の時点（発明日）が他者よりも早ければ、特許の取得で優先することに変わりはない、ということになります。

米国の特許法は、成立以来、先発明主義の考え方をとっていました。これは、英国で1624年に定められた専売条例での考え方、すなわち、真正かつ最初の発明者に権利が与えられるという原則にならった、とされています。

世界中で先願主義が採用されることとなった中、米国だけは先発明主義を採用し続け、いつ発明があったのかを決めるための固有の手続（インターフェアランス）も定められていました。しかし、その手続に要する費用や時間の負担が大きいだけではなく、米国の発明者や企業が米国以外で特許を取得しようとするときに不利な状態になることが多くみられるようになりました。

各国は、二国間や多国間の協議や交渉を通じて、米国に対して制度の見直しを働きかけました。日本としても、日米フレームワーク協議や日米規制緩和対話などの二国間の協議で先願主義への移行を訴え続けました。２００５（平成17）年にはＷＩＰＯを舞台として41か国と２機関が先進国会合という場を立ち上げ、先願主義をはじめとする特許制度の国際的な調和という課題が議論されるようになりました。

そのような中、米国の連邦議会では特許制度の改正についての検討が重ねられ、その結果、２０１１（平成23）年９月に特許法改正法案（Leahy-Smith America Invents Act：ＡＩＡ）が成立し、米国は、先発明主義から先願主義へと移行することになりました。移行後の先願主義は、改正法の施行の日（２０１３年３月16日）以降の出願から適用されることとなりました。

米国の先願主義への移行は、特許制度の国際的な調和についての具体的な成果の表れと評価されています。また、手続にとどまらずに実体的な制度の調和に向けて今後の取組みが進展していくことへの期待も寄せられています。

なお、米国で採用されることとなった先願主義は、発明者が発明を公表した場合、他者が先に出願したとしても発明者を有利に扱うことを認めており、各国が採用している先願主義とは異なるものとなっています。このため、米国での移行後の先願主義については、先発明者先願主義（First-Inventor-to-File System）といわれることがあります。

欧州単一特許制度への歩み

欧州での重要な進展として、欧州単一特許制度（Unitary Patent）の創設を挙げることができます。１９９３（平成５）年に成立した欧州連合（European Union：ＥＵ）の重要な目的の１つとして、域内市場の統合による経済の成長と雇用の創出が掲げられています。

知的財産権についても、域内市場の統合に応じた制度のあり方が課題となりました。欧州の各国の間での検討と調整の結果、１９９６（平成８）年には商標について、２００３（平成15）年には意匠について、それぞれ、域内の全域で有効とされる統一された単一の権利が導入されました。ＯＨＩＭ（Office for Harmonization in the Internal Market：欧州共同体商標意匠庁）に１つの出願をすることで権利を取得できるようになりました。欧州共同体商標（Community Trade Mark：ＣＴＭ）と欧州共同体意匠（Community Design：ＣＤ）です。なお、ＯＨＩＭは２０１６（平成28）年３月からＥＵＩＰＯ（European Union Intellectual Property Office：欧州連合知的財産庁）に名称が変わり、欧州共同体商標については、欧州連合商標（European Union Trade Mark：ＥＵＴＭ）と呼ばれるなどの関連規則が改めて定められました（なお、本書では、統計資料の引用などの関連で引き続きＯＨＩＭと記すことにします）。

特許についても、長年にわたる検討と調整が行われてきました。

その結果、１９７３年には欧州特許条約（European Patent Convention：ＥＰＣ）が成立し、欧

州特許（European Patent）という制度ができました。しかし、この制度は、商標や意匠とは異なり、域内の全域で有効とされる統一された単一の権利の導入にまでは至りませんでした。補足すると、そもそも出願人が域内の各国で特許を取得しようとする場合、本来であれば、それぞれの国で別個の出願をする必要がありますが、欧州特許とは、ＥＰＯ（European Patent Office：欧州特許庁）に１つの出願の手続をして単一の審査を経ることで、統一して特許を取得することができるというものです。すなわち、出願の手続の簡素化と審査の単一化を目的としています。

ＥＰＯから欧州特許を取得した出願人は、域内のどの国で保護を受けるかを選びます。出願人は、選択した各国でそれぞれ別々の特許をもつこととなります。域内の各国での特許の有効性や侵害などを巡る紛争は、各国それぞれの当局や裁判所によって判断されます。このため、欧州特許は、欧州連合の各国の「特許権の束」といわれています。

このような欧州特許の導入後も、引き続き、域内の全域で有効な統一された単一の権利の導入に向けた取組みが進められました。

その結果、２０１２（平成24）年12月、欧州単一特許の制度を創設することが合意されたのでした。欧州単一特許は、欧州単一効特許（European Patent with Unitary Effect）と欧州統一特許裁判所（Unified Patent Court）という2つの制度から成り立つものです。これにより、域内での単一の特許と、単一の裁判所による紛争解決が実現します。

欧州単一特許の制度は、2017（平成29）年初めの実施を目標としています。現在の欧州特許の制度と比べ、各国での特許の登録や維持のための負担の軽減、各国で裁判となった場合に結果が異なり得る不安定さの解消などのメリットが指摘されています。同時に、実現のためには、関連協定の発効、各国による協定の批准などが必要ですし、実務面での準備も含めた多くの課題も指摘されています。

しかし、欧州の特許制度統合の歩みは、各国が協力して時間をかけながらも、統一された制度を着実に形づくってきた歴史でもあります。実現には大きな期待が寄せられています。

知的財産権の国際的な保護のあり方のみならず、権利の行使のあり方も含めて、単一の権利と単一の裁判所による紛争解決を目指す欧州の制度づくりは、多国間での制度の調和という課題にとって、重要なモデルになるといえます。

ＡＣＴＡ（偽造品の取引の防止に関する協定）

模倣品や海賊版による被害は、経済や文化の国境を越えた広がりを背景として、多様化・複雑化しながら年々拡散する傾向にあります。

最近では、グローバルな市場や技術の発展と普及に伴って、デジタル化による複製がＣＤやＤＶＤの海賊版に限らず、製造工程における部品や材料の模倣・偽造にも及んでいます。また、国際的なネットワークのもとで、各地域での取締りを巧みに潜り抜けながら、アジアで製造された模倣品や海賊版が中東での梱包や包装を経て再びアジアや中南米などでブランドの盗用ロゴなどとともに流通する、という地域間の分業もみられます。

このような模倣品や海賊版の氾濫は、真正な製品やサービスの事業活動にとって、販売機会の喪失、製造物責任を巡るトラブル、ブランドに対する信頼の低下などの経済的な影響をもたらすだけではなく、偽造された医薬品や飲食料品による健康への悪影響、模倣された原動機や自動車の部品による安全性の喪失、不当な収益の犯罪組織への提供など、経済や社会にとっての深刻な問題ももたらしています。

模倣品や海賊版による知的財産権の侵害に対して、2005（平成17）年のグレンイーグルズ（英国）先進国首脳会議（G8サミット）において、効果的に対処するための国際的な枠組みづくりを日本が提唱し、その後、日本と米国を中心として集中的な協議が行われることとなりました。そして、2008（平成20）年からは条約の草案をベースに交渉が始まり、2010（平成22）年に合意に至ったのがACTA（Anti-Counterfeiting Trade Agreement：偽造品の取引の防止に関する協定）です。ACTAの署名式は、2011（平成23）年10月に日本で行われ、その翌年（2012年）に日本が最初の批准国となりました。

TRIPs協定（知的財産権の貿易関連の側面に関する協定）においては、知的財産権の侵害に対する取締りなどについて加盟国が守るべき最低限の基準などが定められていますが、模倣品や海賊版への対処としては必ずしも実効性が十分ではないとされてきました。

これに対して、ＡＣＴＡは、知的財産権の侵害に対する権利の行使について国際的に高いレベルの枠組みを形づくった協定である、と評価されています。例えば、模倣ラベルだけでも輸入・製造・頒布の取締りができること、個人だけではなく法人の責任も追及できること、輸入だけではなく通過や輸出も規制すること、などが挙げられます。民事上の救済措置、刑事罰、行政の取締りについての執行を強化することを定めているのです。また、コンテンツのデジタル化に伴って二次利用を制限する技術的な手段がとられている場合に、これを回避する行為を規制することなども盛り込まれています。

なお、ＡＣＴＡの成立の背景には、米国の映画、音楽、ソフトウェアなどの産業界の強力な支持があったといわれています。一方で、インターネットの活用やデジタル・コンテンツの二次利用などに不当な制約がかかるのではないかといった観点から、欧州を中心にＡＣＴＡの批准に慎重な国もみられます。

知的財産権の国際的な保護の効果を上げていくための取組みとして、ＡＣＴＡの成果はＴＰＰ協定（環太平洋パートナーシップ協定）にも引き継がれていくのでした。

4　日本とアジア太平洋地域の展開

日本の知的財産立国宣言と知的財産戦略

日本の知的財産制度の進展にとって重要な節目となったのが、２００２（平成14）年2月の小泉純一郎内閣総理大臣による「知的財産立国宣言」です。

小泉総理は、国会の施政方針演説の中で「研究活動や創造活動の成果を知的財産として戦略的に保護・活用し、我が国産業の国際競争力を強化することを国家の目標とします」と述べ、「このため、知的財産戦略会議を立ち上げ、必要な政策を強力に推進します」と明らかにしたのでした。

21世紀を迎えた当時は、日本の経済を取り巻く環境が厳しい状況にあり、将来に対する閉塞感を払拭できないという基本認識とともに、付加価値を高めて知識経済へと発展を図るためのシステムづくりが急務の課題である、という問題意識が広がっていました。経済産業省、特許庁、文部科学省など国の関係府省庁や経済界を中心に、産業の国際競争力の強化や科学技術の振興の観点から、知的財産、研究開発、大学、司法などの制度の改革についての提言が相次いで行われていたのでした。

そのような背景とはいえ、知的財産について、内閣総理大臣が施政方針演説で政策の課題として明言したことは、異例のことでした。

そして、直ちに、同年（2002年）3月には内閣総理大臣をはじめとする閣僚と民間有識者から構成される「知的財産戦略会議」が設置され、知的財産の創造・保護・活用によって経済社会の活性化を目指すための取組みについての議論が重ねられました。そして、同年（2002年）7月には「知的財産戦略大綱」がとりまとめられ、2005（平成17）年度を目標年次として、知的財産制度について100を超える個別の課題に集中的かつ計画的に取り組むことが打ち出されました。知的財産高等裁判所（知財高裁）として設置される司法制度での「特許裁判所」の機能の創出も、課題の1つとされました。そして、国の関係府省庁が協力して制度の改革を着実に実施するために、「知的財産戦略本部」の設置と「知的財産基本法」の制定が提言されました。

この大綱は、「知的財産立国」について「発明・創作を尊重するという国の方向を明らかにし、ものづくりに加えて、技術、デザイン、ブランドや音楽・映画等のコンテンツといった価値ある『情報づくり』、すなわち、無形資産の創造を産業の基盤に据えることにより、我が国経済・社会の再活性化を図る、というビジョンに裏打ちされた国家戦略である」と強調しています。

大綱の提言を受けて、同年（2002年）12月に成立したのが知的財産基本法です。

知的財産基本法は、個別の知的財産制度について法律上の権利義務関係を新たに定めたものではありませんが、政策の理念、国をはじめとする関係者の責務、政策の立案と実施の枠組みなどを明らかにしたのでした。

その第1条では「内外の社会経済情勢の変化に伴い、我が国産業の国際競争力の強化を図ることの必要性が増大している状況にかんがみ、新たな知的財産の創造及びその効果的な活用による付加価値の創出を基軸とする活力ある経済社会を実現するため」という目的を明らかにしています。

また、政策の立案と実施については、内閣総理大臣を本部長とし、すべての閣僚を本部員とする知的財産戦略本部を設置すること（第24条〜第29条）、同本部によって知的財産の創造・保護・活用に関する推進計画（知的財産推進計画）を策定すること（第23条第1項）、少なくとも毎年度1回、この計画に検討を加え、必要に応じて変更すること（同条第6項）などを定めています。

以来、国は、推進計画に知的財産の創造・保護・活用に関するさまざまな課題を掲げ、それぞれの課題を担当する府省庁名と時期を明らかにして実施に取り組みながら、その状況を評価し、グローバルな市場や技術の発展と普及の中で新たな課題も位置づけるなどして、知的財産制度の整備や改善に努めています。

例えば、特許庁は、推進計画において、組織や体制の整備を通じて特許の審査を迅速に効率的に行うことを最優先課題として位置づけました。

２００４（平成16）年当時、特許の審査の順番を待つ期間が平均で26か月を超えており、審査の迅速化が課題とされていたのです。

なお、「審査の順番を待つ期間」という表現が用いられたので、審査に着手しないまま徒に時間が経過するような印象を与えていましたが、実際には、この期間はFA（First Action：一次審査通知）といって、出願人から特許庁に対する審査の請求があってから審査官が出願人に第一次の応答（FA）を行うまでの期間のことを指しています。すなわち、出願に対する審査には着手していたのですが、審査とその結果の出願人への通知までの時間が長くかかっていたというのが実情でした。

審査が迅速に行われて、FAの期間が短くなることは、出願人にとって早期に権利についての目途を立ることとなり、必要に応じて、特許の改良などの次の手を打つことにもつながります。そこで、特許庁としては、FAの期間を10年後の2013（平成25）年度末までに1年を切る（11か月以内とする）という目標を立てて、審査官を増員するなどの体制も整えて、審査の迅速化と効率化に取り組みました。

10年がかりの取組みでしたが、関係者の協力も得て、計画どおり2013（平成25）年度末にFAの期間は11か月を切ることとなりました。そして、さらに、特許庁は、審査のさらなる迅速化と品質の向上を次の中期目標として掲げています。

中国における知的財産制度の整備

知的財産を巡る最近の動向の中でも、特許の出願件数の急速な増加などで目覚ましい存在となっているのが中国です。

ここでは、中国での知的財産制度の整備について述べます。

中国では、1970年代末期以降、改革開放の基本国策の一環として、米国、ドイツ、フランス、日本などへの研修生や考察団の派遣を通じ、知的財産制度についての法律や行政法規などの整備が急ピッチで進みました。1982（昭和57）年には商標法、1984（昭和59）年には専利法（特許法）、1990（平成2）年には著作権法が成立し、成立の翌年にそれぞれ施行されました。国際条約への参加、米国との二国間の協議などを背景として、法律や制度の改正も重ねて行われてきました。その結果、中国の今日の知的財産制度は、TRIPs協定（知的財産権の貿易関連の側面に関する協定）の条項にほぼ合致する内容に至っているといわれています。

2006（平成18）年に採択された「第11次5か年計画」では、知的財産に関する事項が初めて重点項目として採用されました。その後、国務院に所属する各部や委員会、最高人民法院や最高人民検察院にまで及ぶ幅広い関係組織での検討が重ねられ、2008（平成20）年4月には「国家知的財産権戦略綱要」が国務院によって定められました。この綱要は、中国の知的財産権の創出・利用・保護および管理能力の向上を目的とすることを掲げました。その中でも、政府の行政機関による管理を重視するとともに、遺伝資源、伝統知識および民間文芸の保護の確実な遂行を強調しています。中国ならではの特徴といえるでしょう。

この綱要に基づいて「国家知的財産権戦略実施推進計画」が策定され、知的財産の質と量の向上、知的財産の活用の利益の増加、知的財産権の保護の効果の拡大、知的財産の管理と公共サービスの内容の強化、国際交流の促進などが打ち出されました。

この推進計画による5年間の取組みをさらに進めていくために、2014（平成26）年12月には「国家知的財産権戦略の実施強化に関する行動計画（2014年~2020年）」が策定されました。この行動計画は、まず、知的財産権を産業の競争力の強化に欠かせない戦略的な資源と位置づけています。そして、①知的財産権の創出と運用の促進を通じた産業構造の転換を図る、②知的財産権の保護の強化と良好な市場環境を形成する、③知的財産権の管理を強化し、効率化する、④知的財産権についての国際協力を拡大する、という4つの柱を主要行動として掲げています。併せて、2020（平成32）年までに達成する目標を数値化して定めています。例えば、国民1万人当たりの特許権の保有件数を平均4件から14件に、作品としての著作権の登録件数を年間85万件から100万件に、知的財産権担保融資額を年間688億元から1800億元に、ライセンス料やロイヤリティの収入を年間14億ドルから80億ドルに、それぞれ2013（平成25）年の実績値から引き上げていくこととしています。

また、司法制度においても知的財産権の保護の強化に向けた進展がみられます。

2008（平成20）年の「国家知的財産権戦略綱要」では知的財産権の専門法廷の設立を研究する

ことが盛り込まれ、その後、米国の制度などに照らしながら検討が進められました。その結果、行政による不服審査の手続との関係の整理や法律上の手当てが行われ、2014（平成26）年11月には北京に、同年12月には上海と広州に、それぞれ知識産権法院が設立されました。知識産権法院は、原則として、これらの3都市部の管轄地域での知的財産を巡る紛争事案の第一審を担うこととされています。なお、これらの都市以外では、それぞれの管轄地域での中級人民法院が担います。

このように整備が進みつつある知的財産制度ですが、その運用については課題も少なくありません。制度の運用は、それぞれの知的財産権によって異なる行政組織が担当しています。具体的には、特許、実用新案および意匠は国家知識産権局（SIPO）（専利局）が、商標は国家工商行政管理総局（SAIC）（商標局）が、著作権は国家新聞出版総署（国家版権局）が、それぞれ審査とともに法律の執行や指導を担っています。

国や地方による奨励の措置も背景として、特許をはじめとする知的財産権は目覚ましい勢いで数多く生み出されています。出願件数が急増する中、例えば、国家知識産権局では審査の体制や審査官の育成が急務の課題となっています。このため、出願の質を評価するための指標づくり、企業の内部で質を管理するための能力の開発とともに、審査の質の向上のための管理や監督の強化を課題として位置づけています。中央（専利局）と地方7か所の支局（審査協作センター）に在籍している審査官は2014（平成26）年末で約1万人という規模に達していますが、2018（平成30）年には1万6

600人へと増員する計画を打ち出しています。日本は、米国や欧州とともに多国間で、あるいは、二国間で、中国と定例の協議を重ねながら、審査官の研修や審査の基準づくりなどにも協力しています。

同時に、知的財産権の利用や保護については、特に権利の侵害や裁判をはじめとして国内外の関係者にもたらしている負担も増えています。混乱や被害を招いている事例も少なくありません。制度やその運用の改善とともに、知的財産制度の意義についての国民の理解の幅広い浸透が課題となっています。

中国の制度の運用が安定化していくためには、時間も必要となりますが、日本としては、二国間や多国間での対話や協議を続けていくことによって、制度のさらなる改善とその動向についての情報の提供を促していくことが重要です。そのために、出願人をはじめ企業が直面している課題や要望を汲み上げながら、国と産業界が連携して中国の関係組織に働きかけていくことが必要といえます。

TPP協定（環太平洋パートナーシップ協定）と特許

TPP協定（Trans-Pacific Partnership Agreement：環太平洋パートナーシップ協定）は、日本を含めたアジア太平洋地域の12か国が参加する協定です。これらの諸国の経済の規模は、3100兆円に及び、世界全体の名目GDP（国内総生産）の約4割に相当しています。人口の合計でも8億人と、大きな経済生活圏を形づくることとなります。

ＴＰＰ協定の目的は、ものの関税だけではなく、サービスや投資の自由化を進め、電子商取引、国有企業、環境、知的財産などの幅広い分野で新しいルールをつくることで、参加国内外のヒト・もの・資本・情報の往来を活発なものにして、お互いに経済の成長を促していこう、というものです。２０１５（平成27）年10月に交渉が妥結し、その翌年（２０１６年）２月に署名式が行われました。

参考14　TPP協定における知的財産の取扱い

対象となる知的財産	・特許、商標、著作権、意匠、地理的表示、トレード・シークレット（Trade Secret）、other forms of Intellectual Property
特　許	・出願から権利化までの不合理な遅滞に対する期間の延長制度 ・出願前に発明を公表した場合でも12か月以内は新規性を失わない規定の導入
商　標	・国際一括出願や出願手続の国際制度調和・簡略化の条約の締結 ・不正使用に対する法定損害賠償制度・追加的損害賠償制度の導入
地理的表示	・保護手続を新たに定める場合の透明性と適正手続（due process safeguards） ・商標との関係についての理解
医薬品	・期間の延長制度、新薬のデータ保護期間に係るルールの構築 ・後発医薬品の承認時に有効な特許を考慮する仕組み（特許リンケージ制度）
著作権	・著作物、実演、レコードの保護期間の統一（例：著作者死後少なくとも70年など） ・故意による商業的規模の違法な複製等についての非親告罪 ・侵害に対する法定損害賠償制度・追加的損害賠償制度の導入
権利保護制度の強化	・WTO・TRIPs協定、ACTAなどと同等又は上回る保護のための規範制度の導入 ・営業秘密の盗取、映画盗撮に対する刑事上の手続・罰則の導入

（出典）内閣官房TPP政府対策本部資料に筆者加筆

知的財産については、参加国の間でも先進国と新興国との利害が対立して、交渉が最終局面まで難航しましたが、特許、商標、著作権、意匠、地理的表示をはじめとする知的財産権の適切な保護、権利の行使に関する手続の整備などで合意に至りました（参考14）。

合意においては、ＴＲＩＰｓ協定（知的財産権の貿易関連の側面に関する協定）やＡＣＴＡ（偽造品の取引の防止に関する協定）などと同等またはそれを上回る規範を定める、という基本方針がうたわれています。これまでの知的財産権の国際的な保護についての取組みの成果をさらに発展させ、強化させていこうという姿勢を明らかにしています。

特許については、医薬品のデータの保護期間を巡って米国と豪州などが対立しました。その背景には、バイオ医薬品についてのグローバルな市場での主導権を確保しようとする米国の製薬企業の強い働きかけがあった、といわれています。

製薬企業は、通常、特許の排他的独占性を働かせることで新薬の売上を確保しています（前掲の第1章3「1製品と特許」参照）。また、薬事行政の当局による承認の手続で必要とされる治験データについても、製薬企業は、一定期間の保護を受けることとなっています。補足すると、新薬について薬事行政の当局の承認を受けようとするとき、製薬企業は、治験によって得られた安全性や有効性についてのデータを当局に提出することが決められています。このデータは保護の期間が過ぎると、ジェネリックの後発薬の製造企業が審査に流用することができます。後発薬の企業にとっては治験にかかる多額の費用を負担する必要がありませんし、当局にとっても既存のデータを活用することで薬事行政での負担の重複を避けることができます。

日本では、医薬品のデータの保護期間が8年とされています。米国では、バイオ医薬品については12年、そのほかの医薬品は5年とされています。

交渉において、米国は保護期間を12年とするように強く主張したといわれています。しかし、現行の制度では5年としている豪州、マレーシアなどの反対も強く、結局、バイオ医薬品については8年、そのほかの医薬品については5年とすることで合意に至りました。

そもそも、新薬をつくることができる企業は、世界でも、米国、英国、ドイツ、フランス、スイス、カナダ、そして、日本といった先進国の一部に限られています。また、バイオ医薬品は、比較的に単純な化学合成の工程でつくられる低分子の化合物の医薬品とは異なり、成長ホルモン、ウィルス、バクテリアなど変化に敏感なたんぱく質や生物細胞などから生み出されるもので、複雑な構造をもっています。特性の解析も難しく、製造工程の条件が僅かに異なるだけでも最終の産物が変わってしまう、といわれています。したがって、医薬品としての安全性や有効性を常に確保するためには、その製造の品質を高い精度で管理しなければなりません。それだけコストもかかることになります。

このようなバイオ医薬品について、データの保護期間をできる限り長くすることで、製薬企業としては後発薬の企業から新薬の売上を守ることができることになるのです。

さらに、交渉の結果、「特許リンケージ」といわれる制度も位置づけられました。

この制度は、後発薬について薬事行政の当局による承認を受ける手続の際に、後発薬企業が製薬企業によって裁判を起こされた場合には、その裁判の係属中は、後発薬の審査が先送りされる、というものです。特許での紛争と関わり（リンケージ）をもつことで薬事行政の手続が止まることになるのです。

知的財産を巡るＴＰＰ協定の合意内容については、ジェネリックの後発薬の普及を妨げ、薬価の高止まりを招くのではないかという批判もみられますが、日本の製薬企業にとっては、グローバルな市場で新薬を展開していく上で追い風になる、と評価されています。

ＴＰＰ協定（環太平洋パートナーシップ協定）と著作権

ＴＰＰ協定（環太平洋パートナーシップ協定）は、著作権についても保護の強化や権利の行使の実効性や安定性のための重要な合意をもたらしています。

主なものとして、次の３つが挙げられます。

第一が、著作権の存続期間（保護期間）の延長です。

著作権の存続期間は、ベルヌ条約で著作者の死後50年とすることが加盟国に義務づけられています。これは最低限の期間とされ、欧州ではＥＵ指令で死後70年とすることをＥＵの加盟国に義務づけていますし、米国、豪州、韓国も死後70年に延長する措置を講じています。日本とカナダは死後50年としています。

TPP協定では、死後70年とすることで合意に至りました。

これまでも、日本の国内では、日本の著作物についての著作権の存続期間が外国の著作物よりも短いことは保護のバランスを失する、より長期の保護を可能とすることによって継続的な収益を確保することができ、そのことが新たな創作活動の促進につながる、などと指摘されてきました。

TPP協定の合意を受けて、日本でも死後70年へと国内制度が手当てされることとなりました。

アニメやマンガなどの著作物を利用したビジネスは、日本にとっての重要な輸出産業として期待されています。著作権の存続期間が参加国でより長期に確保されることは、日本にとっての利益をもたらす、というとらえ方ができます。ただし、日本の著作物は、比較的に新しい作品が多いので、当面の経済的な利益をもたらすわけではないともいえます。むしろ、利益がもたらされるのは、そろそろ存続期間が経過しようとしている古い作品を多くもつ米国といわれています。

また、そもそも権利者が不明な著作物であって存続期間を経過していないものについては、許諾を得ることの難しい状態がさらに続くことになり、著作物の円滑な利用に影響が生じるのではないか、という指摘があります。このような著作物のことを「孤児著作物」ということがあります。そもそも、存続期間の延長によって、孤児著作物が増えるのではないかという指摘もあります。著作物をつかいやすくする仕組みづくりが今後の課題といえます。

第二が、著作権侵害の非親告罪化です。

参加国で著作権の侵害に非親告罪を採用していない国は、日本とベトナムだけでした。TPP協定では、著作権の侵害について、故意によって商業的な規模で行われる場合には著作権者の告訴がなくても起訴できること（非親告罪）で合意に至りました。

非親告罪は、模倣品や海賊版に対する取組みにとって効果的であるという評価とともに、パロディー作品など二次利用を含めた創作活動に萎縮効果を生じさせるのではないか、という懸念も指摘されています。

TPP協定では、非親告罪とする範囲を「市場における著作物等の利用のための権利者の能力に影響を与える場合に限定することができる」としています。このことを受けて、日本でも、被害が大きく、著作権者が事後に追認することで適法になることが通常想定できない、といった罪質が重い行為について非親告罪とするという方針のもとで、国内制度の改正が打ち出されました。

第三が、法定損害賠償・追加的損害賠償の導入です。

米国やカナダでは、著作権の侵害に対して、現実の損害額にかかわらず、法律で定められた額を上限または下限として損害賠償を請求できる制度があります。また、豪州などでは、現実の損害額を上回る額が賠償額として認められる制度があります。

日本ではこれまでも、デジタル化、ネットワーク化、情報通信技術の進展などを背景として、侵害行為の発見や損害額の立証が難しくなっているのではないか、などの指摘もみられます。権利者による立証の負担を軽減するという観点から、損害賠償の制度の見直しは重要な課題といえます（後掲の第3章3「日本での権利行使」参照）。

ＴＰＰ協定の合意の内容は、基本的に著作権者の立場にたったものといえます。一方、このような損害賠償の制度を導入することは、請求する賠償額をより多額なものにし、裁判を増やす原因の1つになるのではないか、という心配もあります。また、現行の日本の制度については、実際の損害額を立証しなくとも、使用料相当額という一定の範囲の額の損害賠償を請求できるので、法定損害賠償の導入で合意されたＴＰＰ協定の趣旨は既に満たしているといえるのではないか、という指摘もあります。

第3章

グローバル市場での知的財産活動

1　世界の出願・登録の動向

知的財産権の動向と件数

ここまで、制度や歴史を通じて知的財産をとらえてきましたが、ここからは、特許を中心に、世界全体の状況を数字で概観しながら、日本の知的財産の活動の現状について述べます。

数字でとらえるときに、重要な視点が2つあります。

1つの視点は、各国の知的財産権の数字を取り上げるときに、その国の当局に出願や登録がされたものか、その国の国籍をもつ出願人によって出願や登録がされたものか、ということです。

例えば、日本の特許の出願件数とは、通常は、日本において、その当局である特許庁に出願がされた件数をとらえています。この件数には、外国（日本以外）の出願人による出願も含まれますが、日本の出願人による外国での出願は含まれません。一方、日本の出願人による出願は、自国（日本）の当局に対するものだけではありません。外国での出願もあります。

知的財産権は、各国の法律に基づいてそれぞれの国で独立して成立しています。それぞれの国での権利の動向をとらえるために、まずその国における当局に出願や登録がされた権利の件数を把握することが重要です。というのも、権利を取得しようとするときに、知的財産の活動の本拠地としての国籍がある自国で、自国の当局に対して出願をする、ということは一般的なことです。米国のように、米国での発明を特許にしようとするときに、自国（米国）での出願を義務づけている国もあります。また、それぞれの国や地域ごとに、知的財産制度の整備や運用の状況はもちろんのこと、市場の成熟度、経済や生活の状況、製品やサービスの需給構造などが異なっているので、異なる課題に応じて知的財産の保護の必要性について国や地域ごとに差異が生まれることがあります。したがって、当局ごとの動向を把握することによって、地理的な属性のもとで各国における知的財産の活動をとらえることができ、その比較を通じて、当局にとっての課題もとらえることができるといえます。

一方、グローバルな事業活動、研究活動、創作活動の展開に伴って、国境を越えた知的財産の保護の必要性から、それぞれの知的財産権について、国籍がある自国での出願にとどまらず、外国での出願も年々、増えています。市場や技術の発展と普及の中で、社会生活や経済産業を巡る課題や欲求もグローバルに広がり、その対応についても普遍的な観点からの協調や連携が必要とされています。このような状況のもとで、知的財産制度の国際的な調和も進みつつあります。したがって、グローバルな市場における企業の競争力という観点から知的財産の活動や知的財産制度の課題についての理解を進めていく上では、当局別という視点にとどまらず、出願人の視点に立って動向を把握することが重要になります。

もう1つの視点は、知的財産権の件数を、出願のものか、登録のものか、どちらで数えるかということです。

例えば、特許については、当局に出願がされ、審査が行われ、その結果、登録がされることによって権利として成立します（前掲の第1章2「出願・審査請求・審査」「登録・審判制度」参照）。日本は審査請求の制度をとっていますから、出願がされたもののすべてが審査の対象となるわけではありません。まず出願をしておく、という出願人の判断もあります。出願から登録に至るまでの審査には時間もかかります。手続を進める上での負担も生じます。このような時間や負担をかけても権利を取得するかどうかは、出願人の判断次第です。

登録の時点でとらえるということは、成立した権利の機能が発揮され得る状況のもとで、それぞれの国における出願人の知的財産の活動や当局による知的財産制度の運営などを把握し、評価することになります。

一方、出願の時点でとらえるということは、登録の時点よりも早いことで、特に出願人にとっては重要な意味をもつことになります。というのも、出願とその公開によって、技術の情報はグローバルな市場で言語の壁も越えて迅速に広がっていきます。その動向を把握し、評価し、競争相手との関係で必要な手を打つことは、競争力の確保や強化を図る企業にとって、さらには、知的財産制度の改善などに取り組む当局にとっても、重要な意味をもつといえます。

このように、当局か出願人かという視点と、出願か登録かという視点とを掛け合わせながら、整理していきます。

世界における登録の動向

世界全体では、どのくらいの数が出願され、権利として登録されているのでしょうか。

WIPO（世界知的所有権機関）の統計に基づいて、まず、登録件数をみてみます。

特許・意匠・商標の登録件数では、そのフローとストックを把握することができます。フローというのは、毎年登録された権利はそれぞれ何件か、ストックというのは、存続期間の到来や失効したものを除いて有効に存在している権利はそれぞれの時点で何件か、という意味です。

まず、フローについて説明します。

特許について、2014（平成26）年に登録された当局別での件数をみると、世界全体では117万7000件、このうち、日本の特許庁では22万7000件、米国のUSPTO（米国特許商標庁）では30万1000件、中国の国家知識産権局（SIPO）では23万3000件、となっています（参考15①）。最近の推移をみると、世界全体や米国で登録件数が着実に増加している中、日本では2013（平成25）年を境に減少しています。

意匠の登録件数は、2014（平成26）年の世界全体で60万1000件、このうち、日本では2万

参考15① 特許の登録件数の動向（当局別）

（単位：万件）

	2006	2007	2008	2009	2010	2011	2012	2013	2014
全世界	75.2	77.4	77.9	81.2	91.2	100.0	113.6	117.3	117.7
日本	14.1	16.5	17.7	19.3	22.3	23.8	27.4	27.7	22.7
米国	17.4	15.7	15.8	16.7	22.0	22.5	25.3	27.8	30.1
中国	5.8	6.8	9.4	12.8	13.5	17.2	21.7	20.8	23.3

（出典）WIPO

参考15② 意匠の登録件数の動向（当局別）

（単位：万件）

	2006	2007	2008	2009	2010	2011	2012	2013	2014
全世界	30.5	34.8	35.8	44.7	53.5	58.8	68.5	64.1	60.1
日本	3.0	2.8	2.9	2.9	2.7	2.6	2.8	2.8	2.7
米国	2.1	2.4	2.6	2.3	2.3	2.1	2.2	2.3	2.4
中国	10.3	13.3	14.2	25.0	33.5	38.0	46.7	41.2	36.2

（出典）WIPO

参考15③ 商標の登録件数の動向（当局別）

（単位：万件）

	2006	2007	2008	2009	2010	2011	2012	2013	2014
全世界	211.9	226.4	246.2	272.9	331.7	305.8	296.6	300.1	348.9
日本	10.4	9.5	9.8	10.4	9.4	8.7	9.6	10.2	10.3
米国	15.5	17.2	18.4	17.9	16.8	18.4	18.1	18.6	19.5
中国	26.7	24.8	38.9	81.9	133.3	100.7	99.5	98.6	134.7

（出典）WIPO

7000件、米国では2万4000件、中国では36万2000件（参考15②）、商標の登録件数は、世界全体で348万9000件、日本では10万3000件、米国では19万5000件、中国では134万7000件、となっています（参考15③）。

意匠も商標も、中国での動向が世界全体の中で大きなウェイトを占めていることがわかります。なお、同じフローでも、出願人の視点となると、やや異なった様子になります（参考16①～③）。注目すべきことは、特許の登録について、2014（平成26）年までの最近の推移をみると、世界全体の中で、日本の出願人によって出願された件数が米国や中国の出願人による件数を上回り続けていることです（参考16①）。

次に、ストックについて説明します。

2014（平成26）年で有効に存在している件数を当局別でみると、特許については、世界全体では1023万8000件、このうち、日本では192万件、米国では252万8000件、中国では119万6000件、となっています（参考17①）。それぞれの推移をみても着実に増加しています。なお、中国の件数については、今後、フローとしての最近の登録件数の動向が反映されていくことによって大きく伸びていくことが見込まれます。

意匠の有効件数は、世界全体では332万9000件、このうち、日本では25万1000件、米国では28万4000件、中国では115万5000件（参考17②）、商標の有効件数は、世界全体で3

参考16① 特許の登録件数の動向（出願人別）

（単位：万件）

	2006	2007	2008	2009	2010	2011	2012	2013	2014
全世界	75.2	77.4	77.9	81.2	91.2	100.0	113.6	117.3	117.7
日本	22.0	23.5	24.1	25.6	28.7	30.5	34.4	34.0	29.7
米国	15.9	15.0	15.0	15.8	19.0	20.2	22.9	24.6	25.6
中国	2.6	3.4	4.9	6.9	8.5	11.8	15.2	15.5	17.6

（出典）WIPO

参考16② 意匠の登録件数の動向（出願人別）

（単位：万件）

	2006	2007	2008	2009	2010	2011	2012	2013	2014
全世界	30.5	34.8	35.8	44.7	53.5	58.8	68.5	64.1	60.1
日本	6.0	5.9	6.6	6.2	6.3	6.6	6.9	6.8	6.7
米国	6.9	7.3	7.7	6.5	7.5	7.7	8.2	8.9	9.1
中国	9.7	13.0	14.1	24.4	33.0	38.1	47.1	42.1	36.9

（出典）WIPO

参考16③ 商標の登録件数の動向（出願人別）

（単位：万件）

	2006	2007	2008	2009	2010	2011	2012	2013	2014
全世界	211.9	226.4	246.2	272.9	331.7	305.8	296.6	300.1	348.9
日本	16.3	15.3	17.0	18.6	18.5	16.8	17.9	19.4	19.1
米国	50.7	56.4	62.7	60.1	62.2	61.1	63.2	67.6	69.8
中国	26.4	25.7	39.2	78.4	128.0	100.9	100.4	101.6	135.3

（出典）WIPO

参考17① 特許の有効（現存）件数の動向（当局別）

（単位：万件）

	2006	2007	2008	2009	2010	2011	2012	2013	2014
全世界	629.5	667.1	718.4	754.4	776.2	827.1	889.0	963.7	1,023.8
日本	114.7	120.6	127.0	134.7	142.3	154.2	169.4	183.8	192.0
米国	177.5	181.2	187.3	193.1	201.7	211.4	223.9	238.8	252.8
中国	NA	27.2	33.7	43.8	56.5	70.0	87.5	103.4	119.6

（出典）WIPO

参考17② 意匠の有効（現存）件数の動向（当局別）

（単位：万件）

	2006	2007	2008	2009	2010	2011	2012	2013	2014
全世界	246.1	258.4	274.9	286.3	304.0	291.3	317.2	333.0	332.9
日本	25.7	25.8	25.7	25.8	25.2	24.6	24.9	25.1	25.1
米国	20.2	21.5	23.0	24.1	25.2	26.2	27.0	27.8	28.4
中国	21.6	27.9	38.8	NA	NA	92.2	113.2	122.4	115.5

（出典）WIPO

参考17③ 商標の有効（現存）件数の動向（当局別）

（単位：万件）

	2006	2007	2008	2009	2010	2011	2012	2013	2014
全世界	1,957.5	2,032.5	2,120.8	2,159.5	2,305.1	2,392.1	2,424.0	2,933.5	3,311.0
日本	178.5	178.3	172.8	174.3	175.2	176.1	178.2	171.9	180.7
米国	130.4	133.5	143.3	150.0	154.4	173.5	179.7	186.9	185.4
中国	NA	NA	NA	340.5	460.4	551.0	640.0	723.8	839.0

（出典）WIPO

311万件、このうち、日本では180万7000件、米国では185万4000件、中国では839万件、となっています（参考17③）。意匠も商標も、やはり、中国の件数が大きなウェイトを占めています。

出願人別にみる有効件数は、統計の制約上、特許に限られてしまいますが、2014（平成26）年で有効に存在している全世界の件数（1023万800件）のうち、270万5000件が日本の出願人によるものとなっています（参考18）。そのウェイトとしては、世界に有効に存在する特許のうち、少なくとも4件に1件は日本の出願人によるもの、となっているのです。

もちろん、件数で知的財産の活動を評価するには当然のことながら限界もあります。一般に、量と質、といわれることがありますが、特許についても、後に「基本特許」という課題でふれるように、権利の質という議論がありますす。また、件数についても、例えば、意匠や商標について、審査を行わずに登録する制度をとっている国もありますから、こうした国では、出願人にとっての負担の観点からは出願をしやすいともいえます。また、採用している制度での区分や類型が異なっていたり、件数の数え方が異なっていたり、ということもあります。件数をとらえる際には、このような制度上の相違があ

参考18　特許の有効（現存）件数の動向（出願人別）

（単位：万件）

	2006	2007	2008	2009	2010	2011	2012	2013	2014
全世界	629.5	667.1	718.4	754.4	776.2	827.1	889.0	963.7	1,023.8
日本	162.7	171.3	186.2	195.6	205.1	212.1	237.1	254.6	270.5
米国	128.3	128.4	138.9	146.7	151.3	149.9	166.6	182.7	207.8
中国	0.4	10.0	13.5	18.9	27.1	36.7	49.9	62.2	76.1

（出典）WIPO

ることも念頭に置く必要があります。

世界における特許の出願

出願件数については、どうでしょうか。

WIPO（世界知的所有権機関）の統計に基づいて、特許・意匠・商標のそれぞれの出願件数をみてみます。

まず、特許についてです。

WIPOの統計をさかのぼると、工業所有権の保護に関するパリ条約が成立した1883年以降の動向を把握することができます（参考19）。

20世紀前半には、米国では、毎年数万件がUSPTO（米国特許商標庁：1975年設立）の前身となる特許庁（Patent Office）に出願されていました。1940年代の一時期にドイツに1位を譲った以外、1963（昭和38）年までの長い間、米国は常に出願件数で世界第1位の座を占めていました。

日本では、経済や産業の発展に伴って1950年代から徐々に出願件数が増加していきました。そして、1968（昭和43）年には、特許庁に出願される件数（9万7000件）が米国（9万3000件）を抜きます。その翌年（1969年）には初めて10万件の大台に達します（10万6000件）。

さらに、１９７３（昭和48）年には14万５０００件を記録し、ソビエト連邦（11万６０００件）を上回って世界最多の出願国となります。その後も順調に伸び続け、１９８９（平成元）年には34万５０００件へと、20年間で３倍以上の水準に達します。その後、伸びは落ち着きながらも２０００（平成12）年前後には40万件を超える水準で推移し、日本は、２００５（平成17）年まで世界最多の出願国でした。

その後の世界全体での推移をみると、２００９（平成21）年にはその前年（２００８年）のリーマン・ショックの影響を受けた企業の事業活動の低迷を反映してやや落ち込んだものの、その翌年（２０１０年）には復調しています（参考20①・③）。

２０１４（平成26）年における世界全体での出願は２６８万１０００件で、２００６（平成18）年の１７９万１０００件と比べて、１・５倍の水準に増えています。ちなみに、同じ時期の世界全体の名目ＧＤＰ（国内総生産）は、51兆ドル

参考19　特許の出願件数の推移

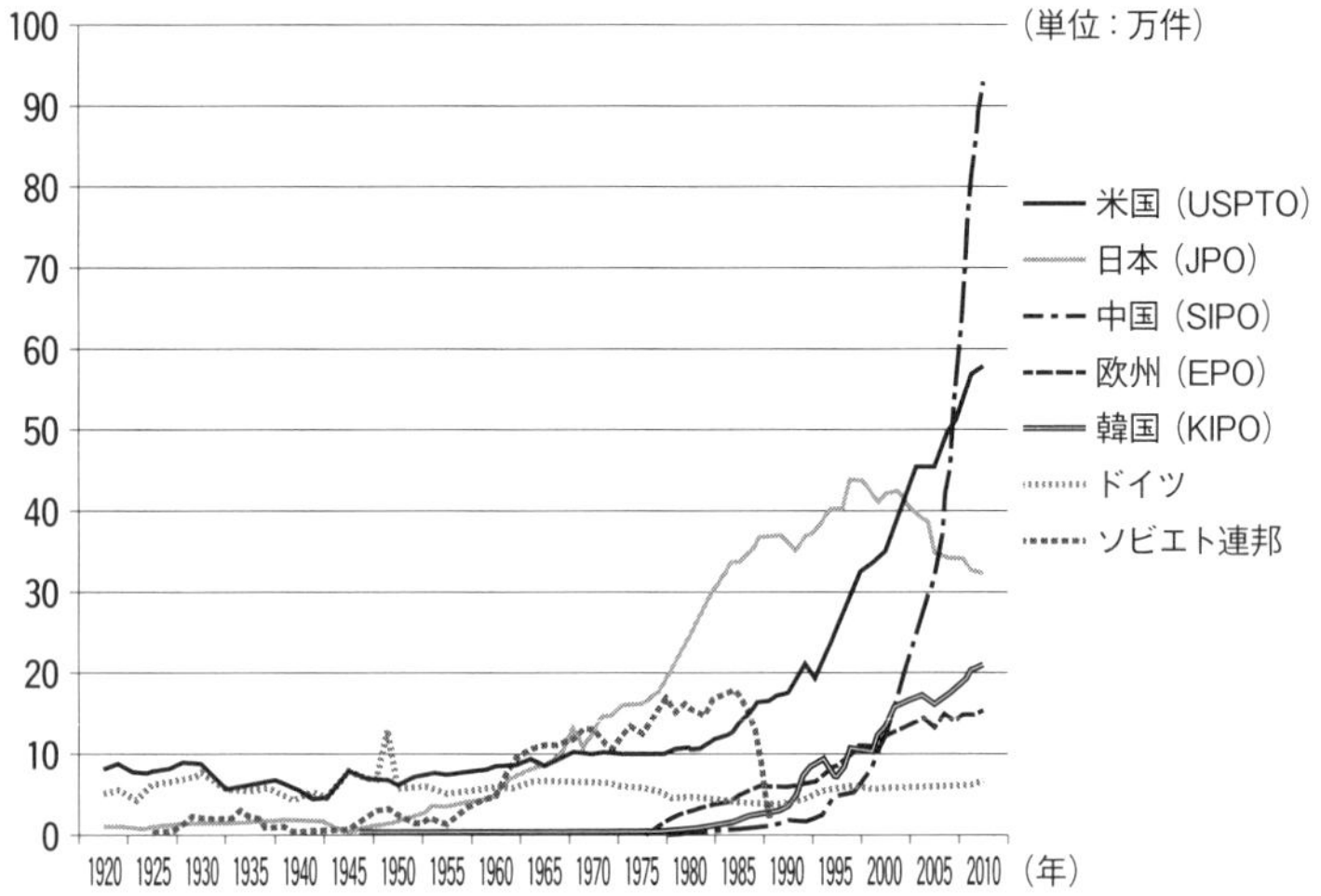

（出典）WIPO

（2006年）から78兆ドル（2014年）へと1・5倍の成長を遂げていますので、ほぼ同じ水準で伸びていることになります。

その中で、日本での出願は、減少の途をたどっています。2009（平成21）年には34万9000件へと大きく落ち込み、2014（平成26）年では32万6000件に、さらに、2015（平成27）年には31万9000

参考20① 特許の出願件数の動向（当局別）

（単位：万件）

	2006	2007	2008	2009	2010	2011	2012	2013	2014
全世界	179.1	187.4	192.9	185.6	199.7	215.8	235.7	256.5	268.1
日本	40.9	40.0	39.1	34.9	34.5	34.2	34.3	32.8	32.6
米国	42.6	45.6	45.6	45.6	49.0	50.4	54.3	57.2	57.9
中国	21.1	24.5	29.0	31.5	39.1	52.6	65.3	82.5	92.8

（出典）WIPO

参考20③ 主要当局での出願件数（特許）

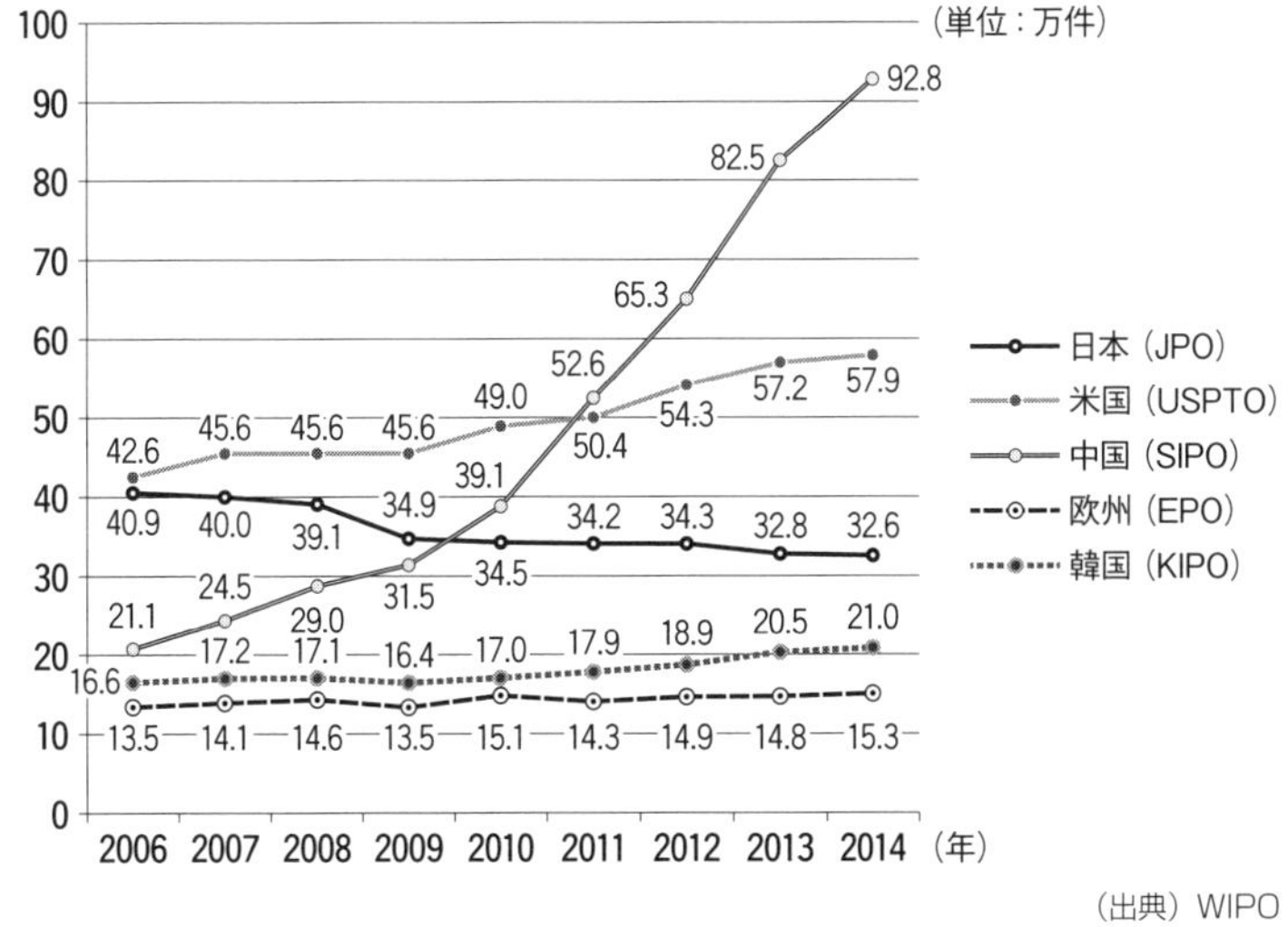

（出典）WIPO

0件へと、その前年（2014年）から2・3％減、となっています。

一方、米国での出願は、最近においても着実に増え続けていますし、中国での出願は、さらに目覚ましい勢いで伸びています。

中国は、2011（平成23）年には52万6000件を記録し、米国（50万4000件）に代わって世界第1位の座に就きます。

参考20② 特許の出願件数の動向（出願人別）

（単位：万件）

	2006	2007	2008	2009	2010	2011	2012	2013	2014
全世界	179.1	187.4	192.9	185.6	199.7	215.8	235.7	256.5	268.1
日本	51.7	50.8	51.0	46.4	46.8	47.5	49.0	47.3	46.6
米国	40.4	43.7	42.9	39.8	43.3	44.1	47.3	50.1	51.0
中国	12.9	16.1	20.4	24.1	30.8	43.6	56.1	73.4	83.8

（出典）WIPO

参考20④ 出願人別の世界全体での出願件数（特許）

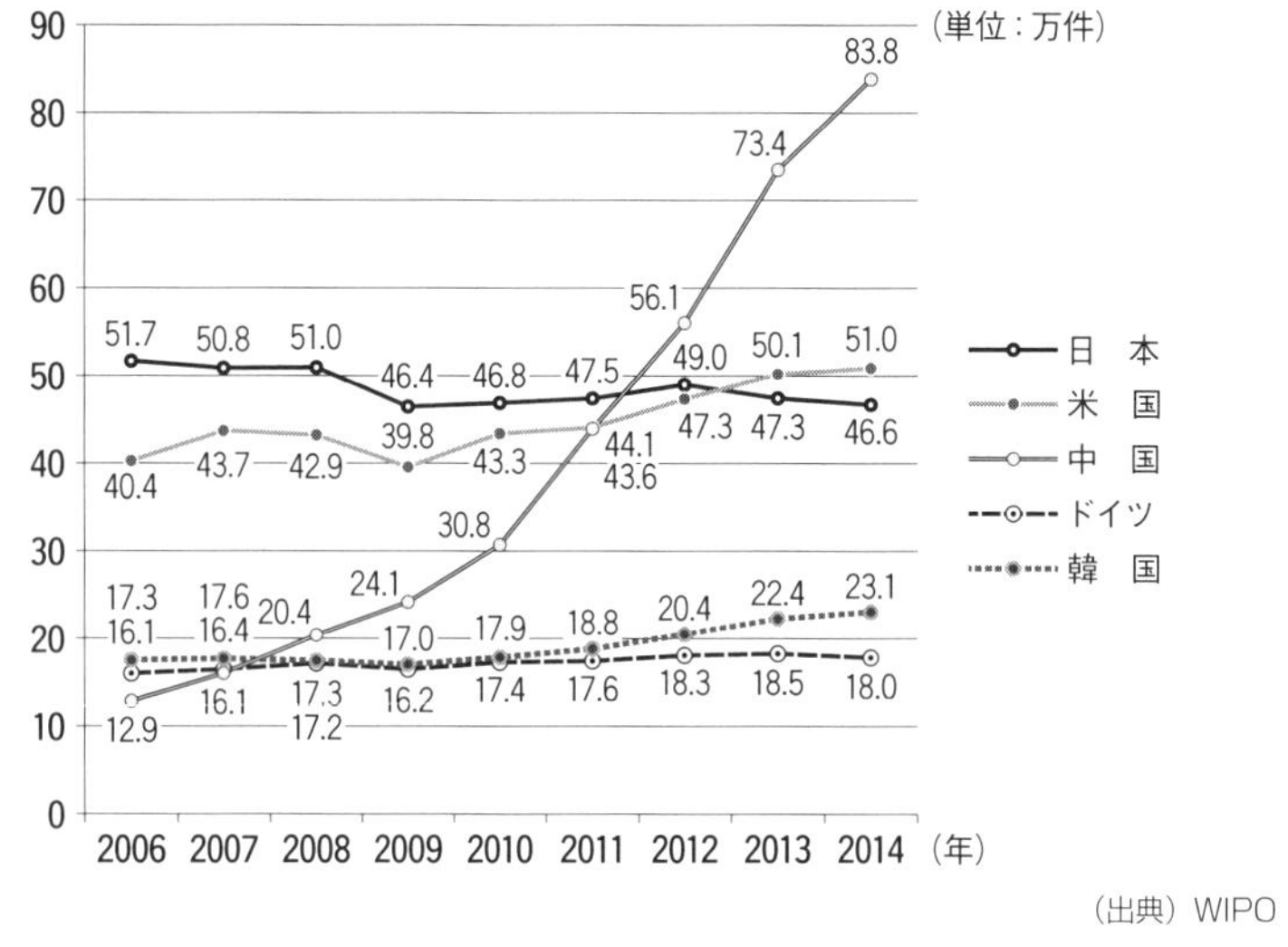

（出典）WIPO

出願の伸びはその後も衰えをみせず、２０１４（平成26）年には92万８０００件にも達しています。今日では、世界全体で出願される特許のうち、少なくとも3件に1件は中国で、という計算になっています。

この数字は、それぞれの国の当局での出願件数ですが、出願人の視点からみた推移はどうでしょうか（参考20②・④）。

中国の出願人による世界全体での出願は、勢いよく伸び続けています。米国の出願人による出願も、リーマン・ショックの影響の後に復調して着実に増加しています。また、ドイツや韓国の出願人による出願も米国と同様の途をたどっています。

一方、日本の出願人による世界全体での出願は、２０００年代前半には50万件前後で推移し、２００５（平成17）年に53万件とピークに達した後、減少に転じましたが、２０１２（平成24）年に中国に抜かれるまでは世界第1位でした。最近、日本の特許庁での出願件数が一貫して減少の途をたどっていることとはやや異なり、日本の出願人による出願は、リーマン・ショックの影響による落ち込みの後、僅かながらも増加に転じています。その後、２０１３（平成25）年には減少し、米国に抜かれ、２０１４（平成26）年には46万６０００件となっています。

世界における意匠の出願

次に、意匠についてです。

当局別にみると、ＷＩＰＯ（世界知的所有権機関）の統計によると、１８８３年から１９５０年代までの間、フランス、ドイツ、スイスでの出願が世界全体の中心を占めていました。１９５０年代半ば以降、日本での出願件数が伸び始め、１９６０（昭和35）年には２万５０００件とスイス（２万件）を上回って世界最多の出願国となります。１９８０年代には、日本での意匠の出願は５万件を超える水準で推移していました。

一方、１９８０年代半ばからは中国や韓国での出願が伸び始めます。

世界全体での過去20年間の出願件数をみると、リーマン・ショックにもかかわらず減少に転じることもなく、一貫して伸び続け、２０１３（平成25）年には94万９０００件を記録しています。２００６（平成18）年での44万８０００件と比べると2倍以上となっています。なお、２０１４（平成26）年には85万４０００件へと、その前年から10万件も減少しています（参考21①）。

１９８５（昭和60）年に僅か６４０件であった中国での出願は、２０１２（平成24）年には65万８０００件へと、30年足らずのうちに１０００倍を超

参考21①　意匠の出願件数の動向（当局別）

（単位：万件）

	2006	2007	2008	2009	2010	2011	2012	2013	2014
全世界	44.8	52.2	56.4	59.1	67.3	78.1	93.3	94.9	85.4
日本	3.8	3.7	3.4	3.1	3.2	3.1	3.2	3.1	3.0
米国	2.5	2.8	2.8	2.6	2.9	3.0	3.3	3.6	3.5
中国	20.1	26.7	31.3	35.1	42.1	52.1	65.8	66.0	56.5

（出典）WIPO

える水準に達しています。２０１４（平成26）年に中国の国家知識産権局（ＳＩＰＯ）に出願された件数は、世界全体の７割にも及ぶ56万５０００件に達しています。中国ではその前年（２０１３年）に66万件が出願されていましたから、初めて減少に転じたことになります。当局の方針で、出願の奨励に歯止めがかけられた、ともいわれています。中国での減少分の10万件は、世界全体での減少分にほぼ見合うことになります。

２０１４（平成26）年の出願件数の上位をみますと、中国に続くのが、韓国での６万５０００件、米国での３万５０００件、日本での３万件、ＯＨＩＭ（欧州共同体商標意匠庁）（現在のＥＵＩＰＯ）での２万６０００件となっています。ただし、それぞれのウェイトは世界全体の１割に満たないものとなっています。これらに次いで、トルコ（１万件）、インド（９０００件）、イラン（９０００件）が急速に伸びており、ドイツ（７０００件）、英国（５０００件）、フランス（５０００件）を上回っていることが特徴的です。なお、欧州の各国については、欧州共同体意匠というＯＨＩＭへの出願の途があるため（前掲の第2章3「欧州単一特許制度への歩み」参照）、各国での出願件数が相対的に低い水準となっているといえます。

出願人別に件数をみると、中国の当局での出願件数の推移と同様に、中国の出願人による世界全体での出願が圧倒的です。２０１４（平成26）年には57万４０００件と、その前年（２０１３年）の66万８０００件から1割以上も減少したものの、他国の出願人による出願件数よりもはるかに多い水準にあります（参考21②）。

2014（平成26）年をみると、中国の後をドイツ（12万3000件）、米国（10万8000件）、韓国（8万8000件）、日本（7万件）、フランス（6万7000件）、英国（6万1000件）が続いています。

一方、日本の出願人による出願件数は、2000年代前半にはこれら各国を凌ぐ出願件数でしたが、最近では伸び悩んでいます。

世界における商標の出願

そして、商標についてです。

WIPO（世界知的所有権機関）の統計をさかのぼると、世界全体での商標の出願が伸び始めたのは1980年代半ばからのことです。その背景として、米国での権利の保護の動きが高まっていったことや中国での手続や実務が整っていったことなどが挙げられています。

世界全体での最近の推移については、2009（平成21）年にいったん減少はしたものの、その翌年（2010年）には復調し、2014（平成26）年には518万8000件へと、2009年の335万2000件から5年

参考21②　意匠の出願件数の動向（出願人別）

（単位：万件）

	2006	2007	2008	2009	2010	2011	2012	2013	2014
全世界	44.8	52.2	56.4	59.1	67.3	78.1	93.3	94.9	85.4
日本	6.5	6.8	7.1	6.1	6.8	7.3	7.4	7.1	7.0
米国	7.4	7.7	7.8	6.7	8.2	8.4	9.5	9.8	10.8
中国	19.3	26.2	30.9	35.0	42.1	52.3	66.2	66.8	57.4

（出典）WIPO

間で5割以上の伸びを記録しています（参考22①）。

当局別にみると、中国での出願は、1990年代に入ると急速に伸び、2001（平成13）年には米国を上回って世界最多の出願国となります。そして今日に至るまで、その圧倒的な首位の座を維持しています。

2014（平成26）年には、世界全体の4割に相当する211万件を、中国の国家工商行政管理総局（SAIC）に出願された商標が占めています。ただし、中国の制度では、同じ商標であっても使用する分野が異なれば件数として異なるものとして数えることとされているので（一出願一商品区分）、他国に比べて件数が大きく数えられているといえます。しかしこのことを割り引いても、圧倒的な規模に変わりはありません。

2014（平成26）年の米国での出願件数34万件は中国に次ぐものですが、世界全体の6％にとどまっています。その後には、インド（22万件）、韓国（16万件）、ブラジル（16万件）、日本（12万件）、OHIM（12万件）、トルコ（11万件）、メキシコ（11万件）が続いています。なお、フランス（9万件）、ドイツ（7万件）、英国（5万件）については、欧州共同体商標というOHIMへの出願の途があるため、意匠と同様に、各国での出願件数が相対

参考22①　商標の出願件数の動向（当局別）

（単位：万件）

	2006	2007	2008	2009	2010	2011	2012	2013	2014
全世界	333.8	342.1	340.1	335.2	379.8	428.4	454.8	485.3	518.8
日本	13.6	14.3	11.9	11.1	11.4	10.8	12.0	11.7	12.5
米国	27.8	30.4	29.4	26.7	28.2	30.6	31.4	32.4	34.2
中国	74.2	68.1	66.9	80.9	105.7	138.8	162.0	184.9	210.5

（出典）WIPO

的に低い水準となっているといえます。

出願人別にみると、中国の出願人による世界全体での出願件数は右肩上がりで大きく伸びています。米国、ドイツ、英国、韓国の出願人による出願が中国に続いています（参考22②）。

日本の出願人による出願は、1990年代には米国に次ぐ世界第2位にありましたが、着実に伸びていったドイツ、フランス、英国に抜かれて、2014（平成26）年には、米国（88万3000件）、ドイツ（65万件）、英国（42万2000件）、フランス（35万4000件）に次ぐ規模となっています。

出願分野別の動向

これらがどのような産業、製品、サービスの分野で出願されているのかをみてみます。

まず、特許についてです。

WIPO（世界知的所有権機関）の統計によると、2013（平成25）年での世界全体で出願された分野とその全体に占めるウェイトは、件数の多い順に、コンピュータ（Computer）：7・8％、電子機器（Electrical

参考22②　商標の出願件数の動向（出願人別）

（単位：万件）

	2006	2007	2008	2009	2010	2011	2012	2013	2014
全世界	333.8	342.1	340.1	335.2	379.8	428.4	454.8	485.3	518.8
日本	19.5	20.6	19.6	18.3	19.4	19.8	22.3	21.5	21.6
米国	69.4	77.7	73.3	64.3	72.3	79.7	82.5	87.2	88.3
中国	71.3	65.7	64.7	79.7	105.2	137.2	160.6	185.9	213.7

（出典）WIPO

Machinery）：７・４％、計測（Measurement）：４・８％、デジタル通信（Digital Communication）：４・６％、医療技術（Medical Technology）：４・３％、半導体（Semiconductors）：４・１％、輸送（Transport）：４・１％、製薬（Pharmaceuticals）：３・６％、音響・映像（Audio-Visual）：３・６％、土木工学（Civil Engineering）：３・４％、光学（Optics）：３・０％となっています。

特許は、ものや方法に関する発明を対象にしていますから、出願の分野についても、エレクトロニクス、自動車関連、医療・製薬などの技術の分野が中心となっています。

これらの件数上位の10分野について、１９９５（平成７）年からの伸び率でみると、デジタル通信、コンピュータ、電子機器、半導体、医療での件数の伸びが目覚ましいものとなっています。なお、２０１３（平成25）年での件数は少ないものの、情報通信マネジメント技術（IT Methods for Management）やミクロ・ナノテクノロジー（Micro-Structural and Nano-Technology）は毎年15％以上の高い伸び率を示しています。

次に、意匠についてです。

出願の分野とその全体を占めるウェイトをみると、２０１４（平成26）年での件数の多い順に、家具・織物などの室内用品（Furnishing）：11・１％、衣料品（Articles of Clothing and Haberdashery）：８・１％、グラフィックシンボル・ロゴ・パターン（Graphic Symbols and Logos,

Surface Patterns, Ornamentation）：7・2％、箱・輸送用容器（Packages and Containers for the Transport or Handling of Goods）：7・2％、ランプなど照明用機器（Lighting Apparatus）：5・9％、自動車・自転車など車両、昇降機（Means of Transport or Hoisting）：5・6％、記録・通信機器・ディスプレイ・アイコンなど（Recording, Communication or Information Retrieval Equipment）：5・5％などとなっています。その前年（２０１３年）と比べてみても、ほぼ同じ構造となっています。

意匠は、もののデザインを対象にしていますから、視覚を通じて美感を起こさせることで購買などを促すようなさまざまな消費財の分野が中心になっています。

そして、商標についてです。

商標の出願は、さらに多種多様な分野が対象になっています。

対象となっている商品やサービスの分野と全体を占めるウェイトについては、２０１４（平成26）年での件数の多い順に、食品・飲料・飲食物提供サービス（Agriculture）：16・9％、技術研究開発関連、電気通信などのサービス（Research & Technology）：14・2％、宝飾品・衣料（Clothing）：13・6％、広告・保険（Business）：12・2％、化粧品・薬・医療サービス（Health）：11・4％、余暇・教育関連（Leisure & Education）：10・8％となっています。意匠と同様に、その前年（２０１３年）と比べてみても、ほぼ同じ構造となっています。

当局別と出願人国籍別（自国・外国）の動向

ここまで、出願について、特許・意匠・商標のそれぞれに即して、当局別と出願人別のそれぞれの動向を概観してきました。

そこで、日本の動向についての理解を進めるために、ＷＩＰＯ（世界知的所有権機関）の統計に基づいて、もう少し詳しくみてみます。

特許・意匠・商標のそれぞれについて、日本・米国・中国を例にとって、それぞれの当局での出願件数、それぞれの国の出願人による世界全体での出願件数、そして、それぞれの国の出願人による自国だけでの出願件数を整理して比べてみました。

これらの関係をモデルとして示したのが参考23①です。

また、２０１４（平成26）年での３か国の状況を示したのが参考23②～④です。

そして、この状況（２０１４年）が一時的ではなく、傾向としてのものであるのかどうかを過去10年間で確認しました。

これらの結果から、３か国の特徴的な状況をとらえることができます。

まず、中国についてです（参考23②）。

参考23①　当局別出願件数と出願人別出願件数（モデル）

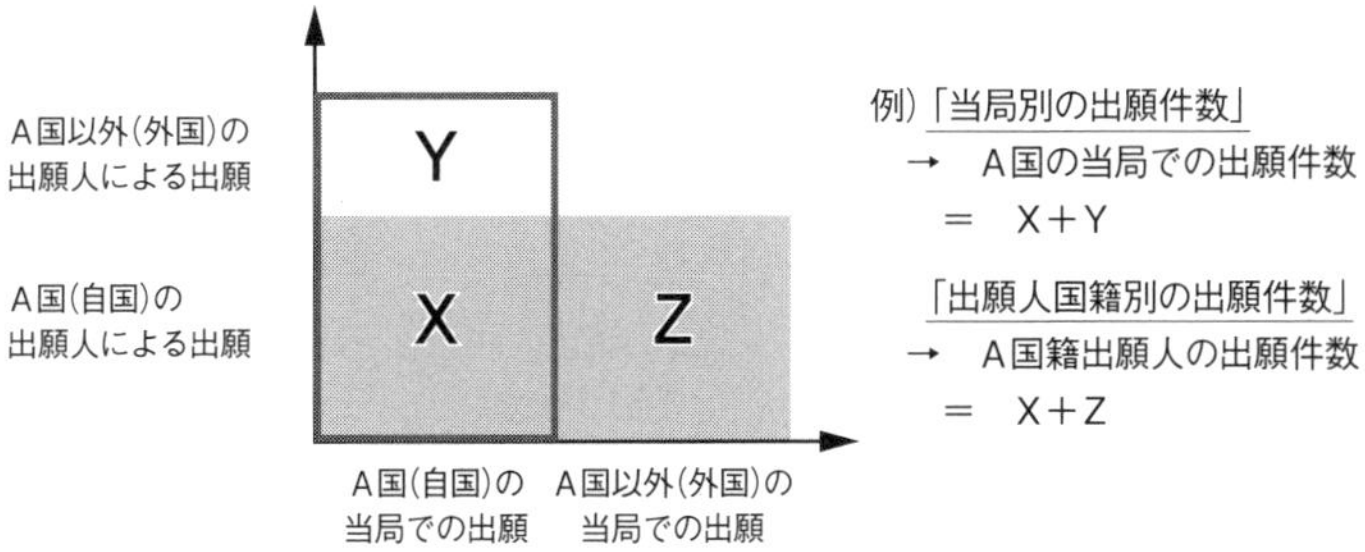

（出典）WIPO

参考23② 当局別出願件数と出願人別出願件数（中国）

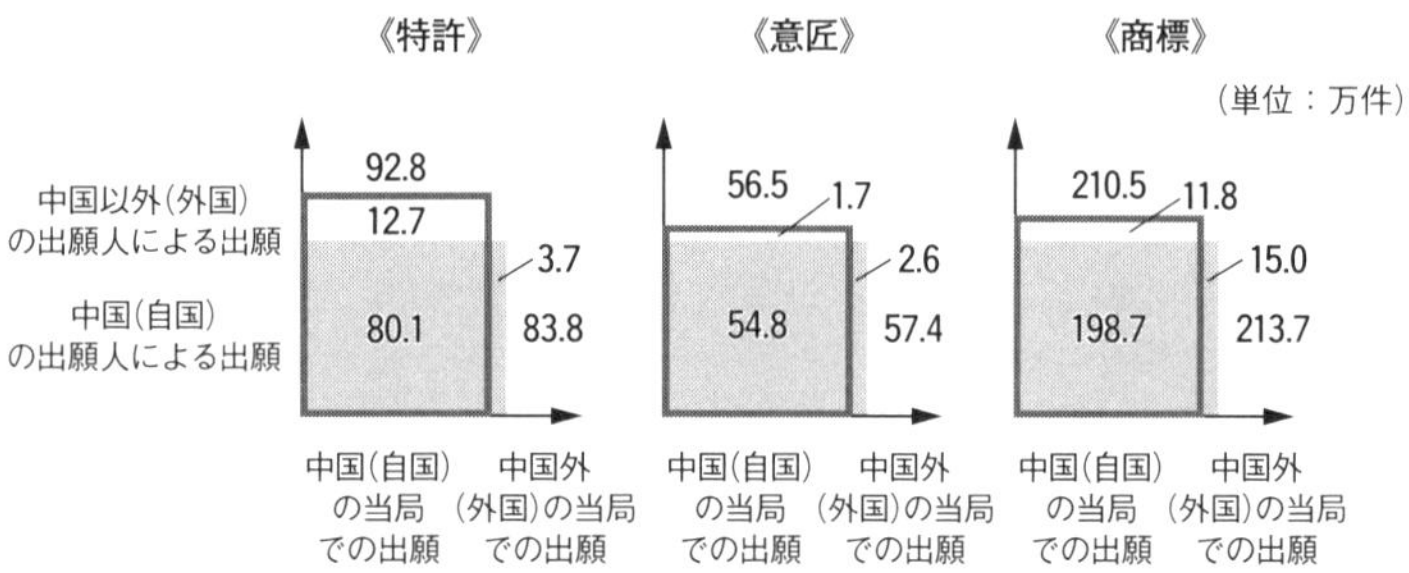

（出典）WIPO

参考23③ 当局別出願件数と出願人別出願件数（米国）

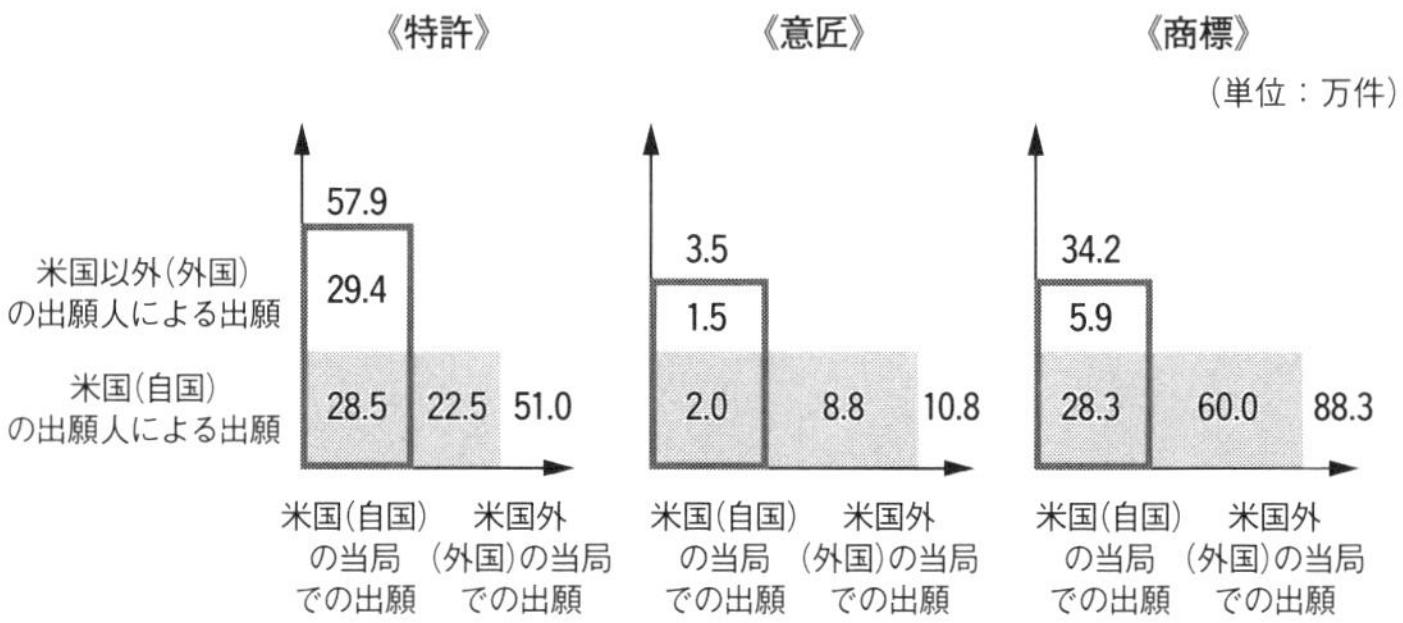

（出典）WIPO

参考23④ 当局別出願件数と出願人別出願件数（日本）

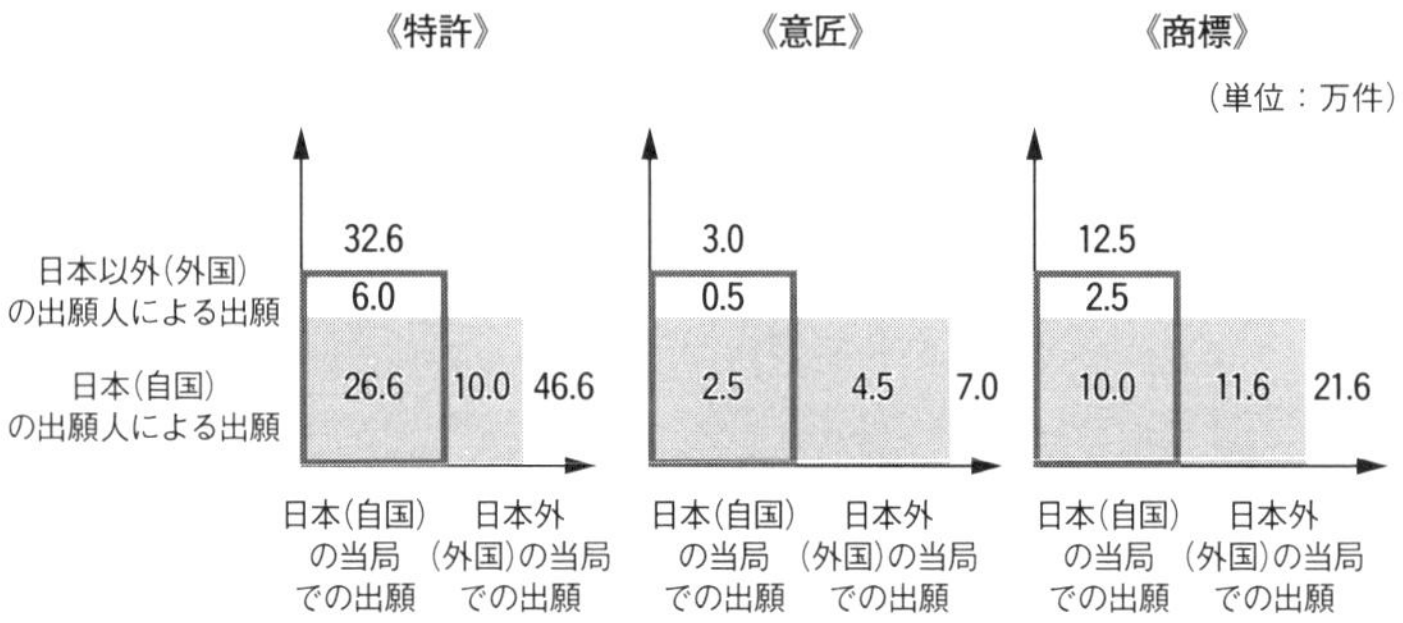

（出典）WIPO

特許・意匠・商標のいずれにおいても、中国の当局にとっては、その出願のほとんどが自国（中国）の出願人による出願ですし、中国の出願人にとっても、その出願のほとんどが自国での出願であることがわかります。

すなわち、中国の当局についてみると、2014（平成26）年での中国での出願件数92万8000件のうち、自国の出願人は80万1000件と、全体の86％を占めています。過去の推移をみると、2006（平成18）年では21万1000件のうちの12万2000件、すなわち全体の58％、2010（平成22）年では39万1000件のうちの29万3000件、すなわち75％、となっています。傾向として、自国で自国の出願人による出願のウェイトが大きくなっています。中国では出願件数の全体が目覚ましく伸びている中、自国の出願人による出願の伸びが外国（中国以外）の出願人の伸びを上回っていることを示しています。

また、中国の出願人についてみてみます。2006（平成18）年での世界全体での中国の出願人による12万9000件の出願のうち12万2000件、すなわち全体の95％が、そして、2014（平成26）年では83万8000件のうちの80万1000件、96％が、それぞれ自国での出願となっています。逆にいえば、中国の出願人は、全体の僅か5％足らずしか外国で出願をしていないことになります。

次に、米国についてです（参考23③）。

特許・意匠・商標のいずれにおいても、米国の当局は、外国（米国以外）の出願人による出願を数多く受け入れながら全体の出願件数を伸ばしていますし、米国の出願人も、自国（米国）ではもちろんのこと、外国でも活発に出願をしながら世界全体での出願を着実に増やしていることがわかります。

米国の当局をみると、特許・意匠・商標のそれぞれで、自国の出願人による出願件数が外国の出願人の件数を上回っていることがわかります。これらのうち、特許では、２００９（平成21）年以降、外国の出願人による出願件数が自国の出願人の件数を上回って推移しています。

米国の出願人についてみると、２００６（平成18）年における世界全体での40万４０００件の出願のうち、22万２０００件、すなわち全体の55％が、そして、２０１４（平成26）年では51万件のうちの28万５０００件、56％が、それぞれ自国での出願となっています。逆にいえば、米国の出願人は、特許の全体の４割以上を外国の当局で出願していることがわかります。さらに、意匠と商標では、意匠で４倍、商標で２倍以上の規模で、自国での出願よりも外国での出願をしています。

そして、日本についてです（参考23④）。

日本の特許庁をみると、特許・意匠・商標のそれぞれの出願件数で減少や低迷をしています。

また、日本の出願人をみても、特許・意匠・商標のいずれにおいて、世界全体での出願や、そのうちの自国（日本）での出願も、減少や低迷をしています。ただし、全体の減少や低迷の中、自国での出願が全体に占めるウェイトは、少しずつ小さくなっています。例えば、特許では、２００６（平成18）年での日本の出願人による世界全体での出願件数51万７０００件のうち34万７０００件、すなわち全体の67％が、２０１０（平成22）年では46万８０００件のうちの29万件、62％が、そして、２０１４（平成26）年では46万６０００件のうちの26万６０００件、57％が、それぞれ自国での出願となっています。逆にいえば、外国（日本以外）での出願のウェイトが少しずつ大きくなっているのです。

2 日本の動向と特徴

日本における特許の出願と大企業

このような日本の動向については、どのような背景があるのでしょうか。

特許庁の統計をみると、この背景には、日本の大企業の知的財産の活動が大きく反映していることがわかります。

そもそも、特許庁での特許の出願件数の構造は、２０１５（平成27）年でみると、全体の８割の25万９０００件を自国（日本）の出願人が占めています（参考24①）。そして、中小企業がその13％を、大学やＴＬＯ（Technology Licensing Organization：技術移転機関）が２％を、それぞれ占めています。両者を合わせても15％にとどまっており、日本の出願人による出願の85％は大企業が占めているのです。

しかも、特許庁での出願においては、出願件数の多い順でみた上位の大企業が、全体の相当のウェイトを占めています（参考24②）。

具体的にいうと、２００９（平成21）年では、その上位30者で10万９０００件、全体の31％を、上位１００者で16万３０００件、全体の47％を、それぞれ占めています。その５年後の２０１４（平成26）年でも、上位30者で８万９０００件、全体の28％、上位１００者で14万２０００件、全体の44％、となっています。一方、この５年間での出願件数の減少については、上位30者で２万件、上位１００者で２万１０００件、となっています。同じ時期での特許庁での出願件数の全体の減少は、34万９０００件（２００９年）から32万６０００件（２０１４年）へと、２万３０００件減ですから、この減少のほとんどは、出願件数の多い上位の大企業によってもたらされた、ということができるのです。

参考24①　日本での特許の出願の国籍別内訳（2015年）

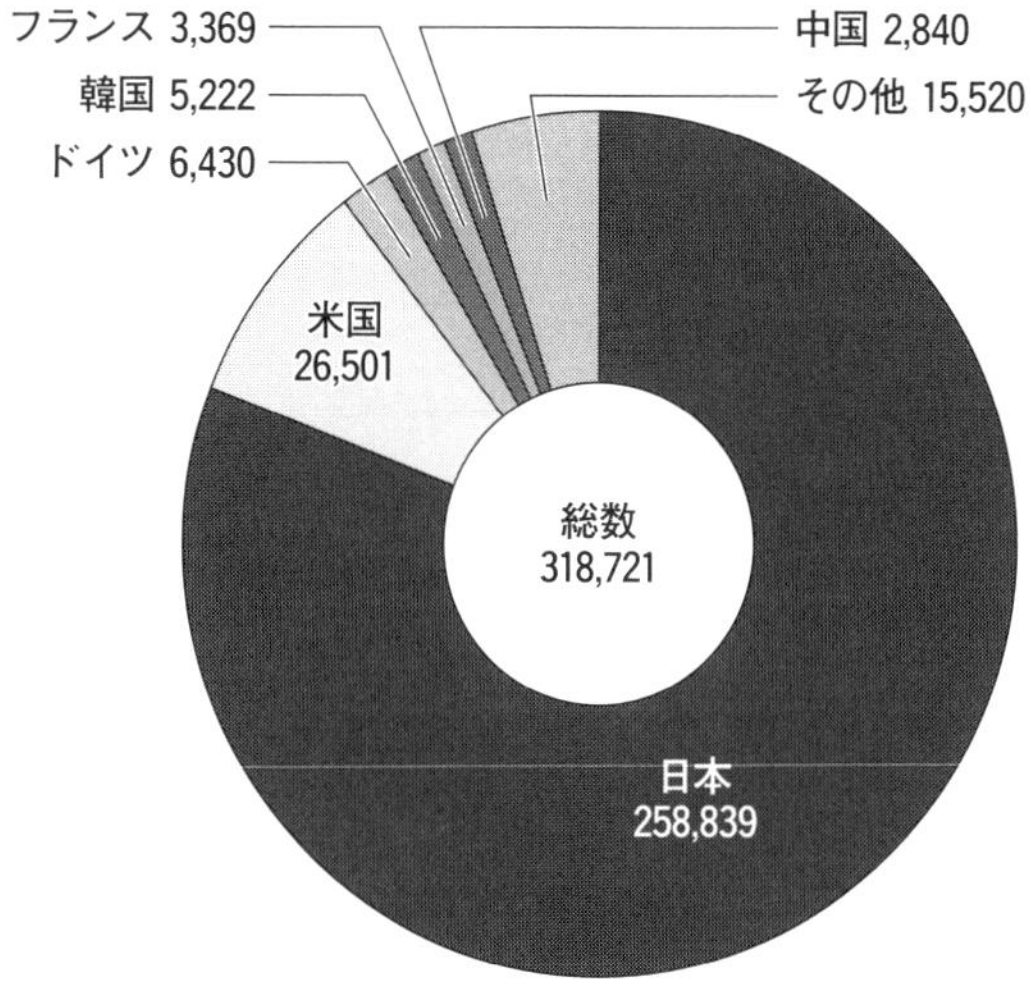

（出典）特許庁

では、これらの上位大企業とは、どのような顔ぶれなのでしょうか。

2014（平成26）年の実績に関しては、出願の公開は1年6か月を待たないと公開されないので、公開されている登録についてみると、その件数の上位から順に、キヤノン、三菱電機、パナソニック、トヨタ自動車、東芝と続いています。2015（平成27）年では、トヨタ自動車、キヤノン、三菱電機、東芝、パナソニックとなっています（参考24③）。

これらの大企業は、事業活動の分野によっての差異もみられますが、これまで外国（日本以外）での出願にも積極的に取り組んできた企業です。

そして、これらの大企業の動向を背景とした日本での出願件数の減少や低迷については、しばしば、日本の知的財産の活動が退潮していることの表れ、ととらえられることがあります。

確かに、日本の知的財産の活動は、後にふれるように、課

参考24②　日本での特許の出願件数（上位者の動向）

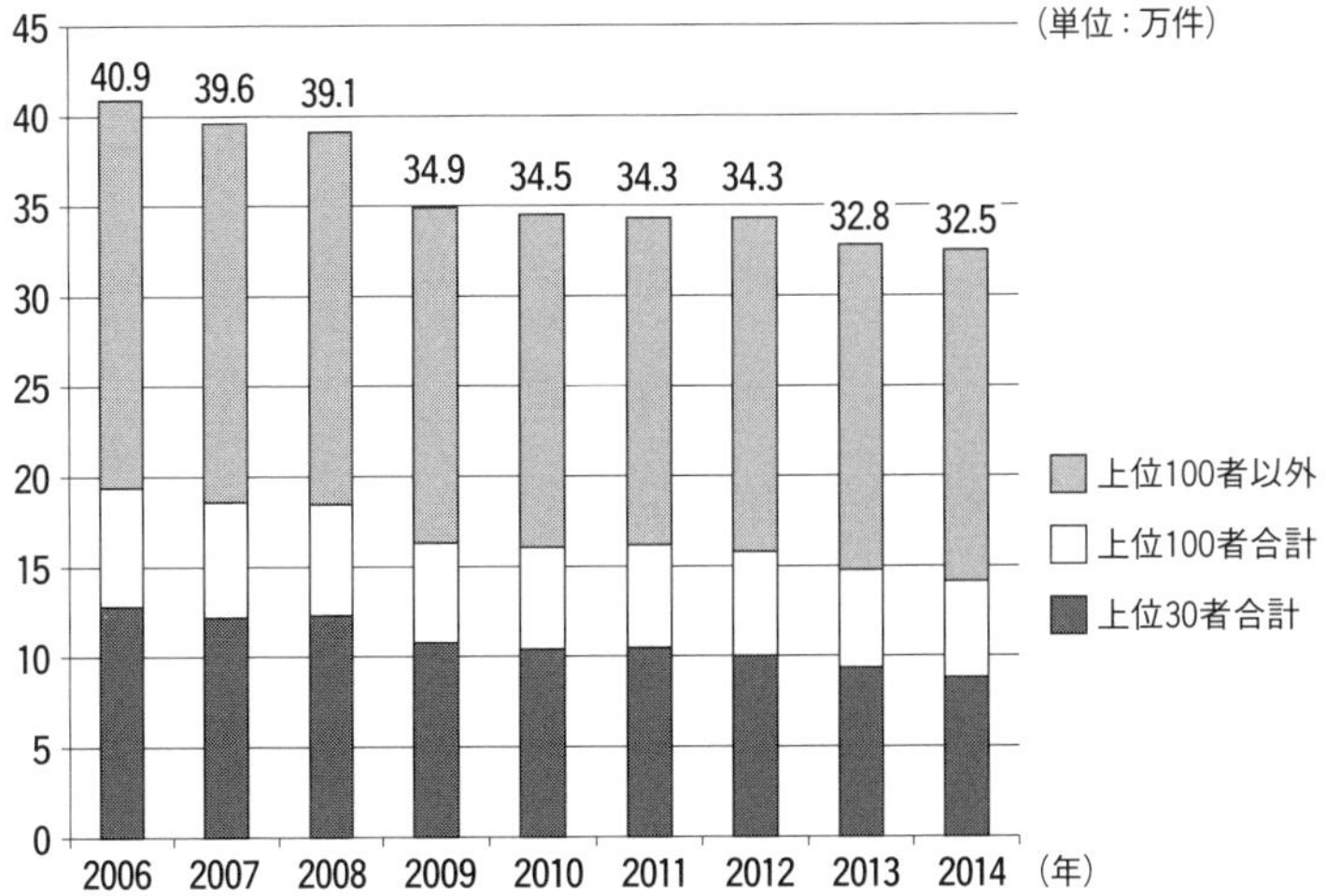

（出典）特許庁

題も少なくありません。

しかし、退潮と悲観的にとらえる必要は必ずしもないといえます。

というのも、そもそも、日本での出願とは、日本に限らない各国の企業や大学・研究機関などが、グローバルに展開しているそれぞれの知的財産の活動の中で権利を利用し、保護するために、日本という市場での必要性に照らして、日本の当局で出願することが実績となって表れているものです。

日本での出願件数の減少や低迷という実績については、これまでにみた日本の出願人の動向などから理解できるように、グローバルな事業活動を展開している日本の大企業にとって自国で出願をすることの優先度が落ちていることを意味している、といえます。

同時に、グローバルな市場での動向を全体としてとらえると、日本の知的財産の活動がこれまでとは異なる形で展開しつつある、ということができるのです。

参考24③　日本での特許の登録件数の上位者

順位	出願人	2015	2014	2013
1	トヨタ自動車	4,078	3,801	4,785
2	キャノン	3,728	5,392	5,572
3	三菱電機	3,341	5,317	4,919
4	東芝	2,622	4,016	4,498
5	富士通	2,291	3,244	3,451
6	セイコーエプソン	2,193	2,515	2,355
7	リコー	2,049	3,633	3,282
8	パナソニックIP	1,953	36	1,945
9	富士フィルム	1,827	2,997	2,526
10	本田技研	1,790	2,965	3,469

（参考）

112	パナソニック	263	5,312	7,097

（出典）特許庁 ほか

調整期にある知的財産活動

異なる形の展開というのは自国（日本）での減少、外国（日本以外）での増加という動向です。

この動向は、特許の出願と登録（参考25①・②）や特許庁の調査による企業の費用（参考26）からも改めて確認することができます。

特許庁は、毎年、特許庁で実績のある出願人の協力を得て、知的財産の活動についてのアンケート調査を行っています（「知的財産活動調査」）。この調査では、それぞれの出願人が自国と外国での出願や権利の維持のために支出した費用についても尋ねています。

公表されている調査結果からは、２００９（平成21）年と２０１３（平成25）年において年間１００件以上の出願をした出願人について、１社当たりの平均での知的財産の活動の費用を比較することができます。

これによると、知的財産の活動の費用全体は10億１１００

参考25①　日本の出願人による特許の出願件数（自国・外国）

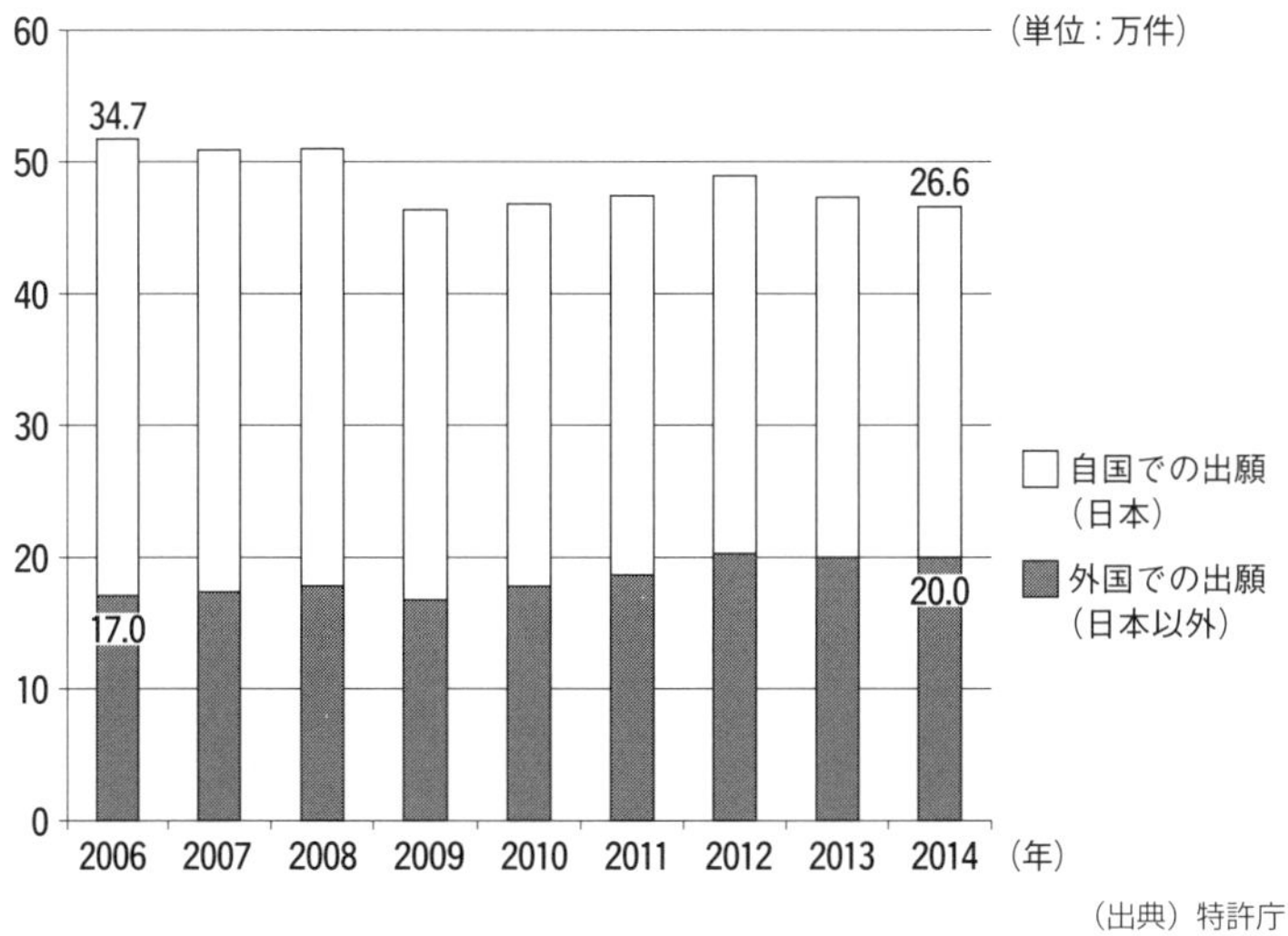

（出典）特許庁

参考25② 日本の出願人による特許の登録件数（自国・外国）

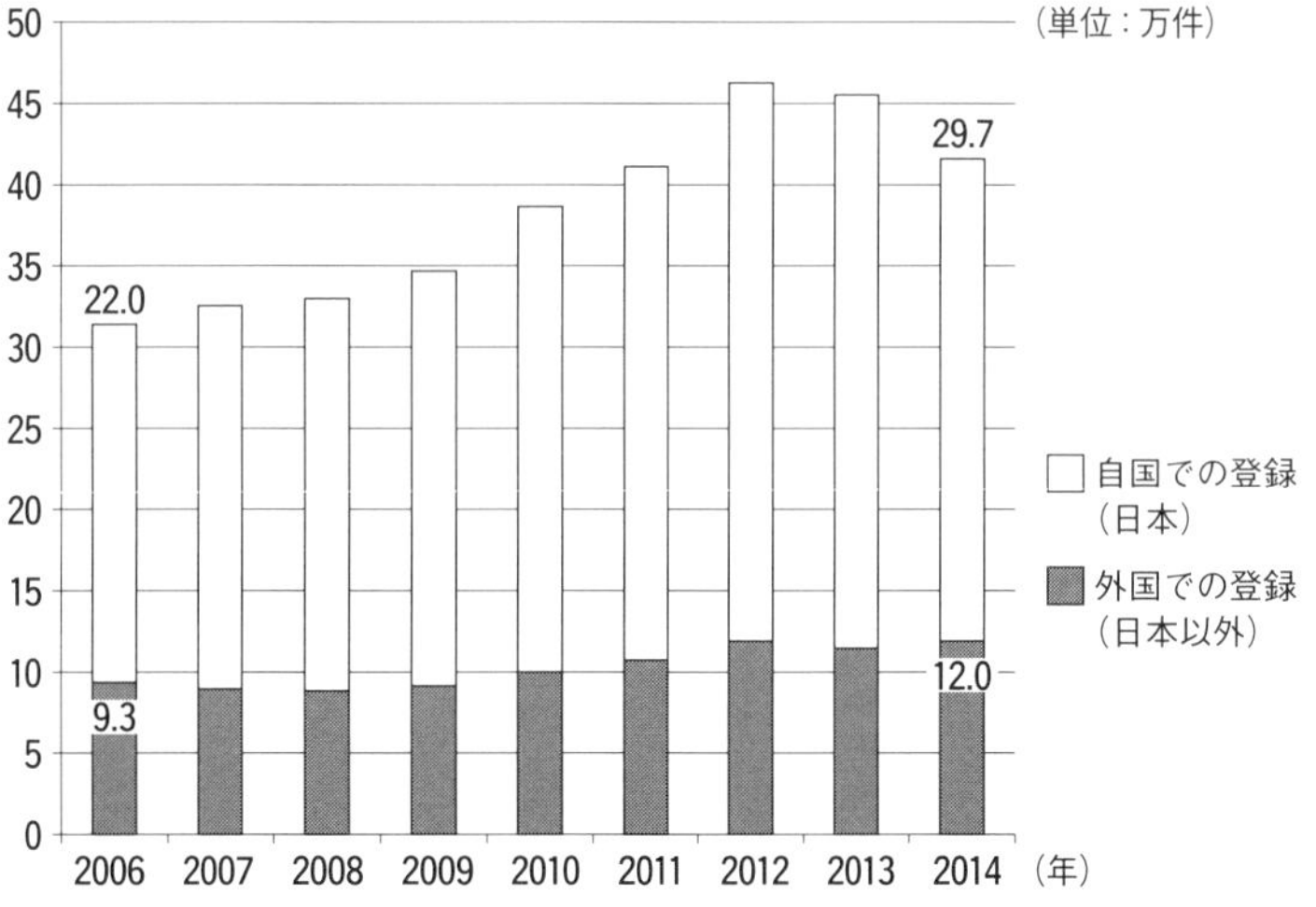

（出典）特許庁

参考26 日本の大企業における知的財産活動費（１社平均）

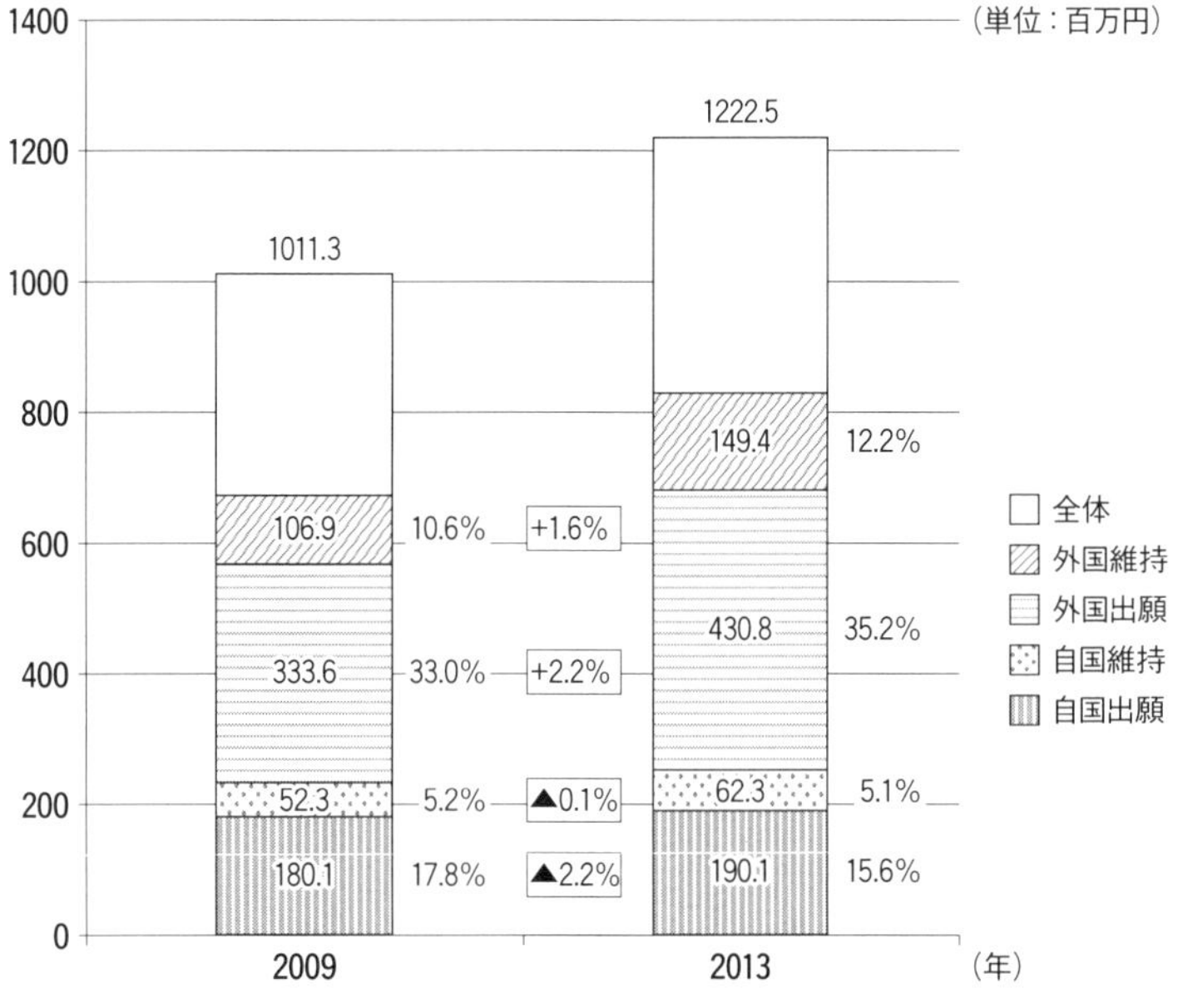

（出典）特許庁

万円（２００９年）から12億２３００万円（２０１３年）へと21％増加している中で、自国での出願の費用のウェイトは小さくなってます。一方、外国での出願の費用のウェイトが伸びています。そもそも外国での出願には翻訳も必要となるため、出願１件当たりの費用は自国での費用よりも割高になるといわれています。したがって、費用の増加は必ずしも出願件数だけを反映したものとはいえませんが、自国よりも外国での出願に積極的であることを表している、ということはできます。

また、米国とドイツの出願人のそれぞれの動向との比較も参考になります。

日本・米国・ドイツ３か国の出願人の外国での出願件数の推移を整理したのが参考27①～③です。

これらの結果をみると、米国の出願人は、外国（米国以外）全体でも、主要な出願先でも、リーマン・ショックの影響には見舞われたものの、その後に回復し、着実に伸ばしていま

参考27①　日本の出願人による外国での特許の出願件数

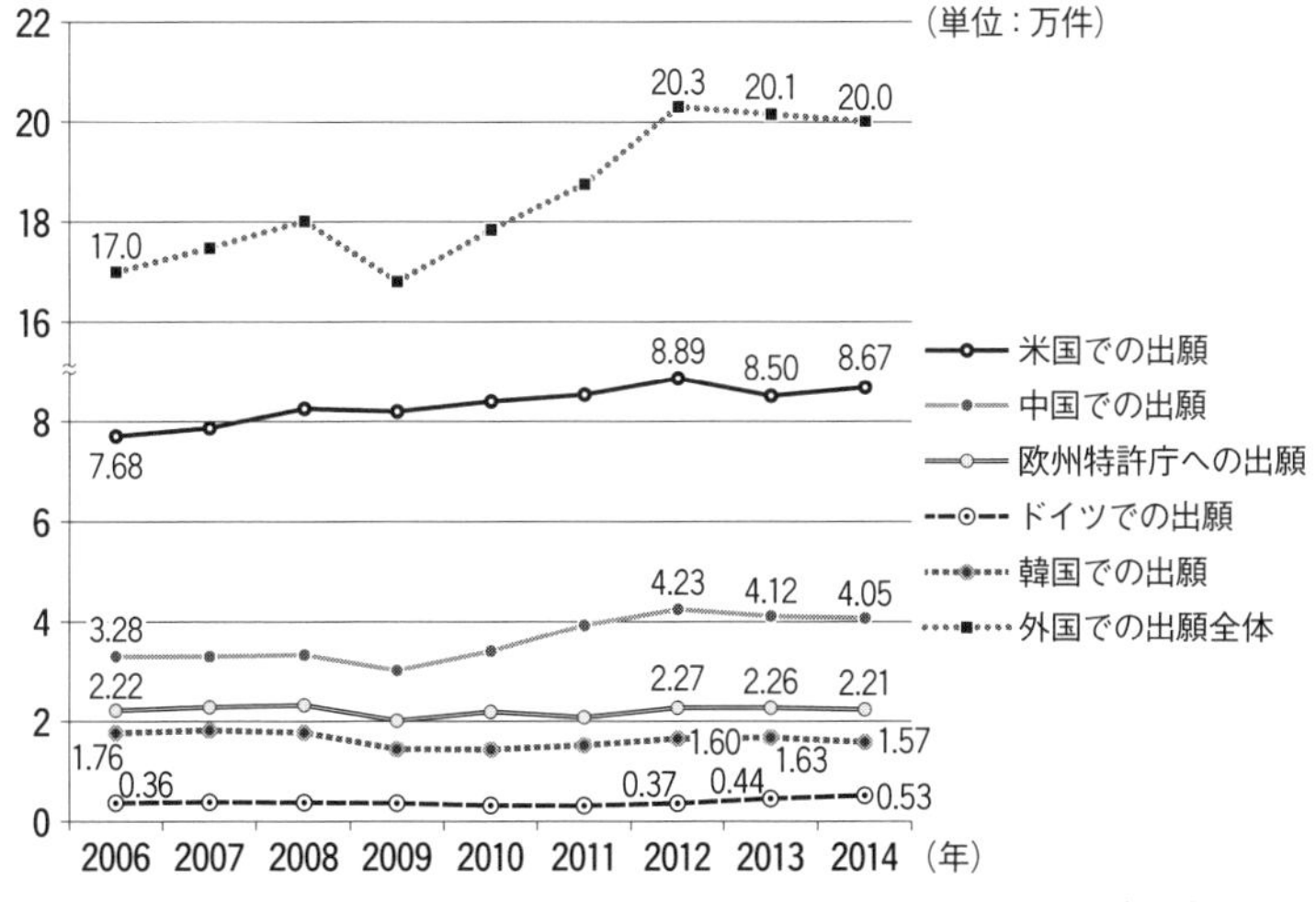

（出典）WIPO

す。

一方、ドイツの出願人は、リーマン・ショック後の増加傾向の中、最近は減少の兆しがみられるなど、日本の出願人の傾向を表したグラフと比べてみても、類似していることがわかります。減少・低迷の問題は、日本だけのことではなさそうです。

日本の大企業の知的財産の活動について振り返ると、長年にわたってとられてきたことは、発明の成果をまず自国（日本）で数多く出願をし、その中から登録をするとともに、製品やサービスの展開に応じて外国（日本以外）での出願をする、ということでした。

しかし、最近では、グローバルな事業活動を取り巻く環境、しかも厳しい国際競争の中で、例えば、予算の制約に照らして自国での出願を絞り込んだり、知的財産を営業秘密として管理することにして出願を控えたり、事業活動の展開に即して外国での出願により多くの費用や時間を投入したり、とい

参考27②　米国の出願人による外国での特許の出願件数

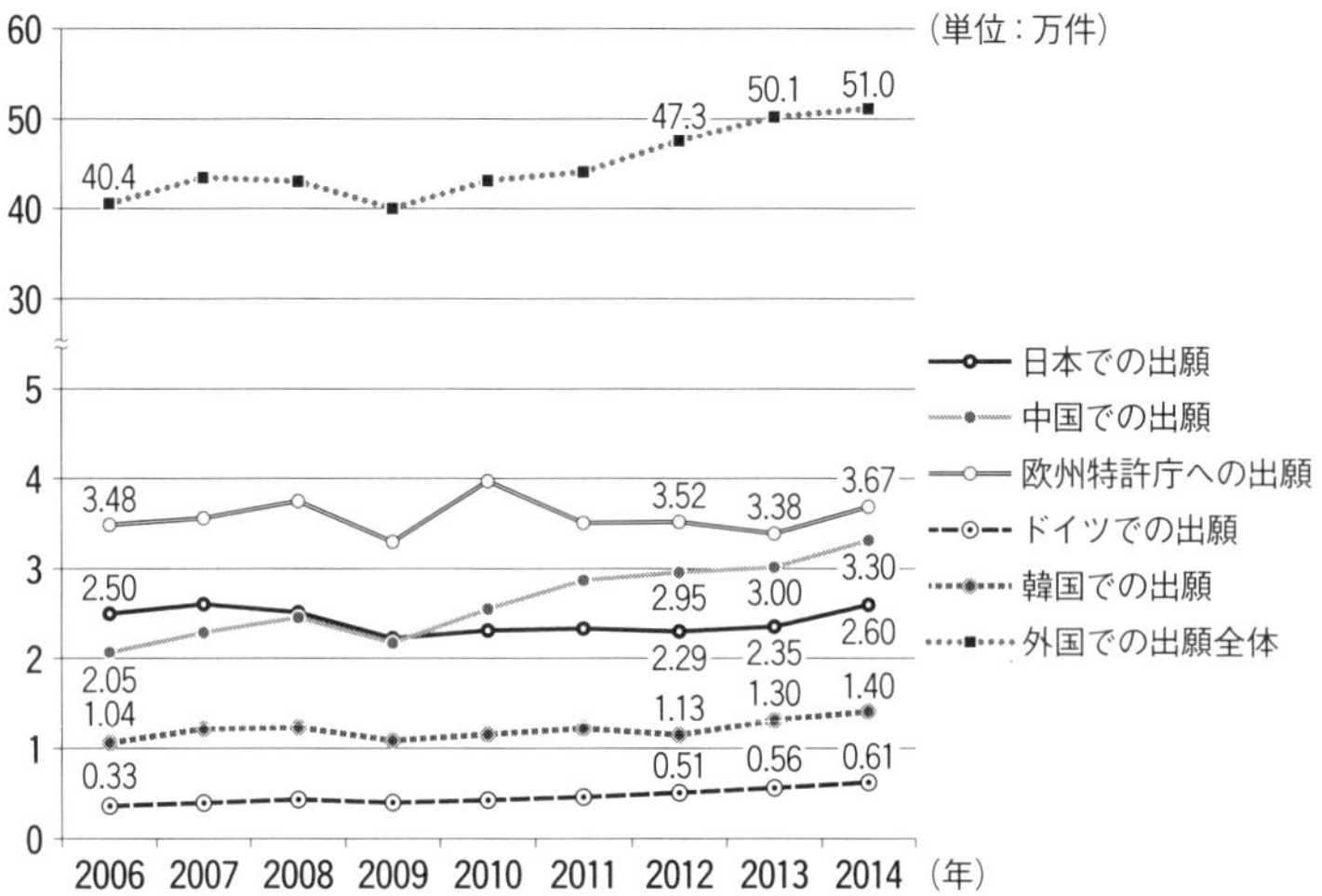

（出典）WIPO

った見直しが進みつつあるのです。

このような見直しの事例の中には、例えば、権利の行使の観点から裁判で迅速に勝訴の判決を得ることができるかどうか、速やかに執行の措置がとれるかどうか、などを見通しながら出願先の外国を選ぶ、というケースもみられます。というのも、本来、知的財産権の権利の行使も各国の法律に基づいてそれぞれの国で独立しているものですが、グローバルな事業活動にとっては、ある国での裁判の結果が他の国や地域での和解などの交渉に事実上の重要な影響を及ぼすことが少なくないからです。

さらに、別会社に知的財産権の管理を移すなど、組織や体制とともに知的財産の活動の再構築に取り組んでいる大企業もみられます。

このような事例にも照らすと、現在は、日本の大企業がそれぞれの知的財産の活動の見直しに取り組んでいる調整期にある、と理解できそうです。

参考27③　ドイツの出願人による外国での特許の出願件数

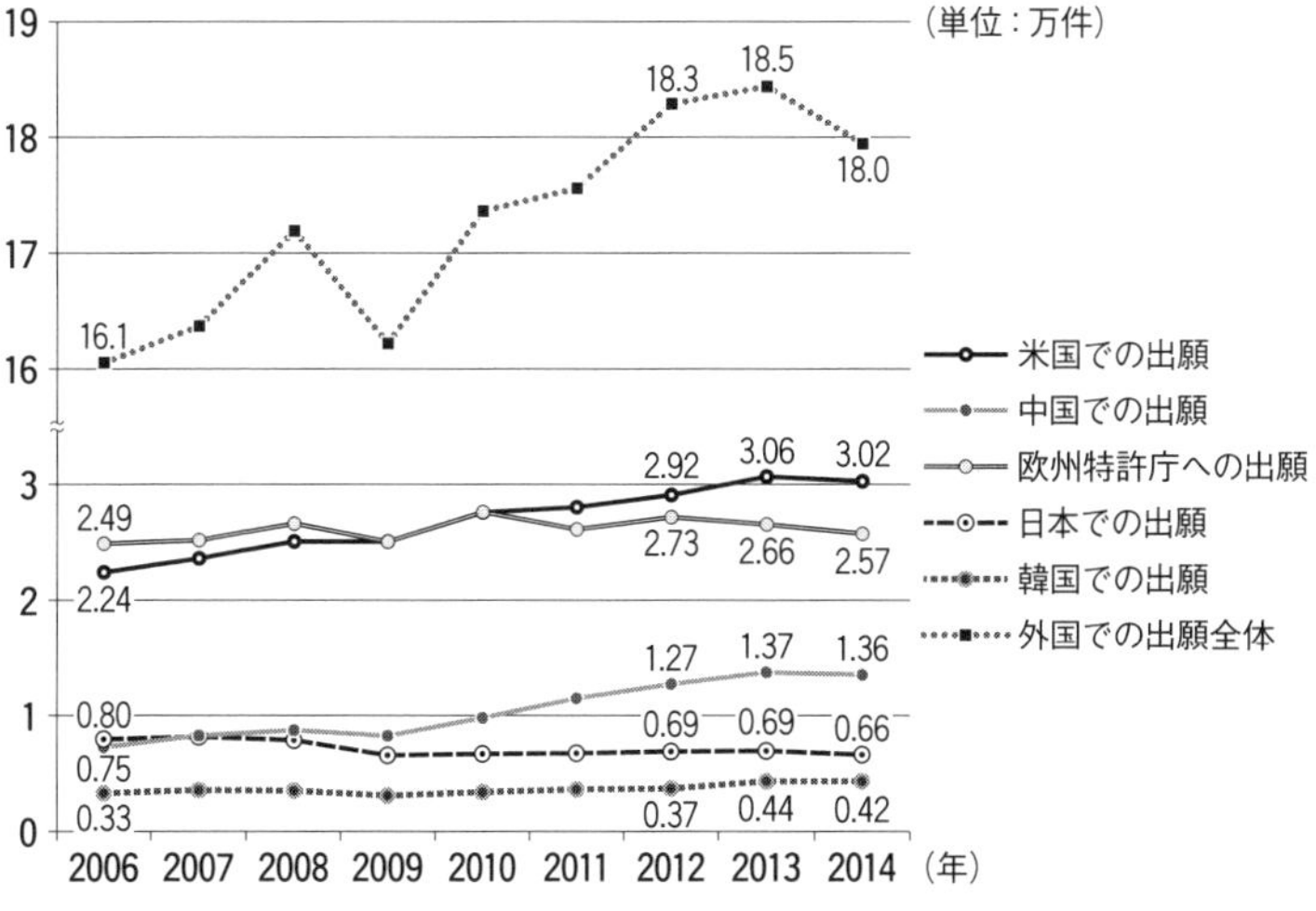

（出典）WIPO

ただし、このような見直しの動きについては、注意が必要です。日本を代表する大企業が最近、自国（日本）での出願を絞り込んでいることに関しては、件数の減少だけがクローズアップされて受け止められ、誤解を広げかねません。

実際に、一部の企業では、大企業にならえ、ということで、出願や権利の公開によって競争相手に技術情報を提供することになるという制度上の特徴に対する消極的な評価と相まって、出願はしないという「特許離れ」ともいえるような動きがみられます。しかし、これでは、知的財産を活かす芽を摘みかねません。

大企業の見直しの動きについては、グローバルな事業活動の展開の中で、外国での出願や営業秘密としての管理、権利の行使との関係などを含めた知的財産の活動の全体の中でとらえることが必要です。1つの手段として自国での出願が位置づけられていて、その結果が件数に反映している、ということを改めて認識することが重要です。

そして、このような見直しの動きを契機に眼が向けられるべきは、日本という市場での権利の保護の必要性が他の国と比べてどのような意味をもっているのか、ということです。

さらに、日本の知的財産制度について、当局の運用も含めて、国際的な制度や仕組みとの関係で相対的にどのように評価するのか、その上で、その評価を通じて何を改善すべきか、ということが重要な課題といえます。

グローバル出願率

グローバルな市場での日本の知的財産の活動については、グローバル出願率という観点からの評価があります。

グローバル出願率とは、自国で出願をした特許のうち、外国にも出願をしたものについて、その件数でのウェイトを表したものです。

日本の出願人のグローバル出願率は、リーマン・ショック（２００８年）の影響で落ち込んだものの、その後着実に伸びています。しかし、50％前後を示している欧米の出願人と比較してみると、まだまだ低い状況にあります（参考28）。

このことについて、具体的な事例でみてみます。

スマートコミュニティ（スマートシティ）のケースです。

スマートコミュニティとは、電力や交通などの都市インフラの機能について、環境、エネルギー、情報通信などのさまざまな技術をつかって最適化を図るプロジェクトです。グローバル市場でのインフラ輸出の観点からも日本の産業の競争

参考28　日本企業の特許出願のグローバル化率

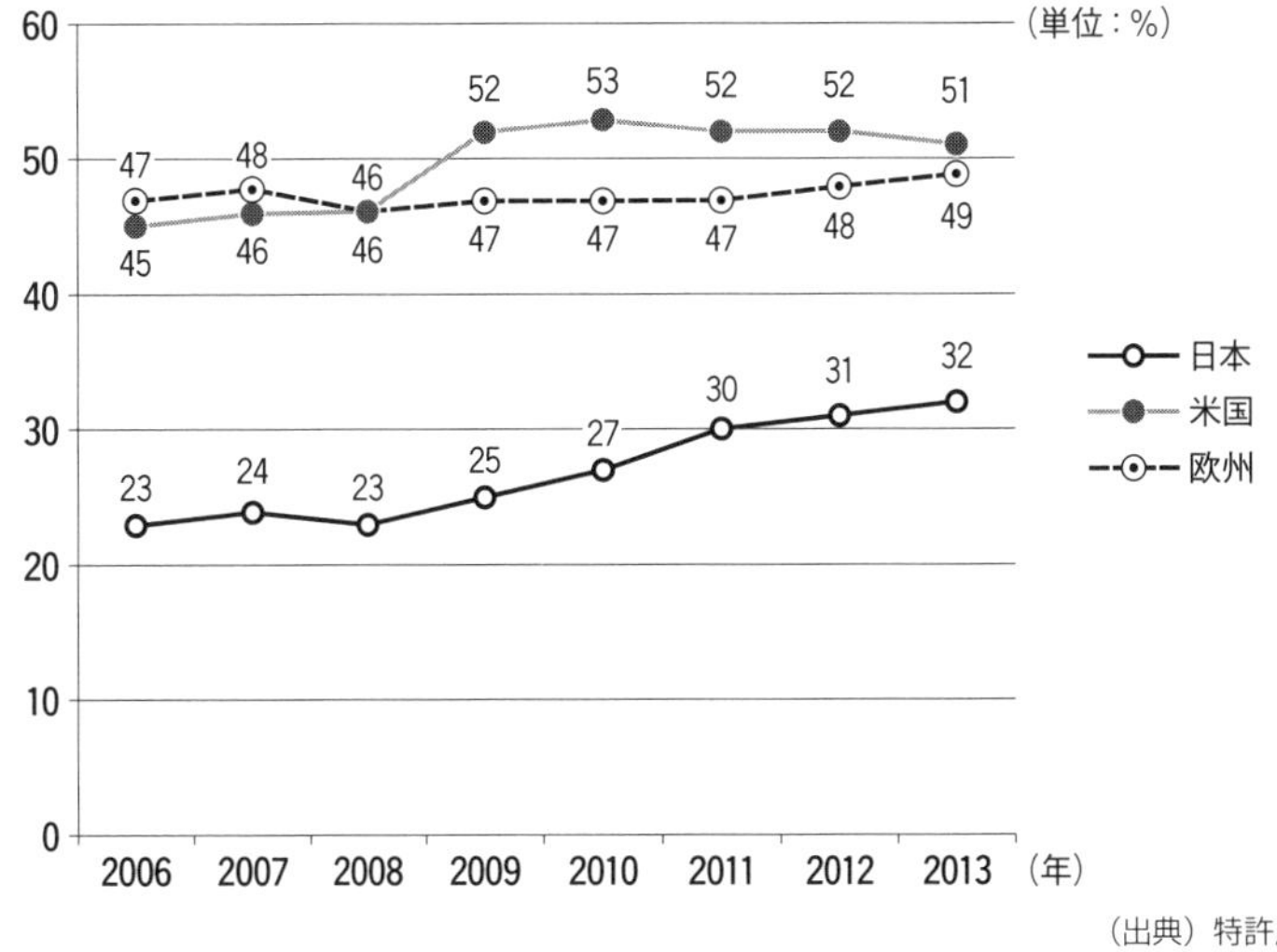

（出典）特許庁

力が発揮されることに大きな期待が寄せられています。

特許庁は、この分野を9つの技術領域に分類して、日本と外国の出願人による出願の動向について調査を行っています（「２０１２年度特許出願技術動向調査」）。

この調査によると、世界全体での特許の出願は２０００年代に入ってから急増し、１９９５（平成7）年から２０１２（平成24）年までの出願の総数２万２２００件のうち、ほぼ5割が日本の大企業によるものであることがわかります。出願件数の上位の10者のうち、ゼネラル・エレクトリック（GE）とシーメンスの2社を除いた8社が日立製作所、パナソニック、三菱電機、東芝などの日本の大企業となっています。また、その内容をみると、風力や太陽光など再生可能エネルギーの送配電網への接続、需要の動向に応じたマネジメントのシステム、電気自動車の充放電システムなどの日本の優れた技術が数多くの特許の出願に結びついていることがわかります（参考29①・②）。

参考29①　技術領域別の出願人別の出願件数（2000年）

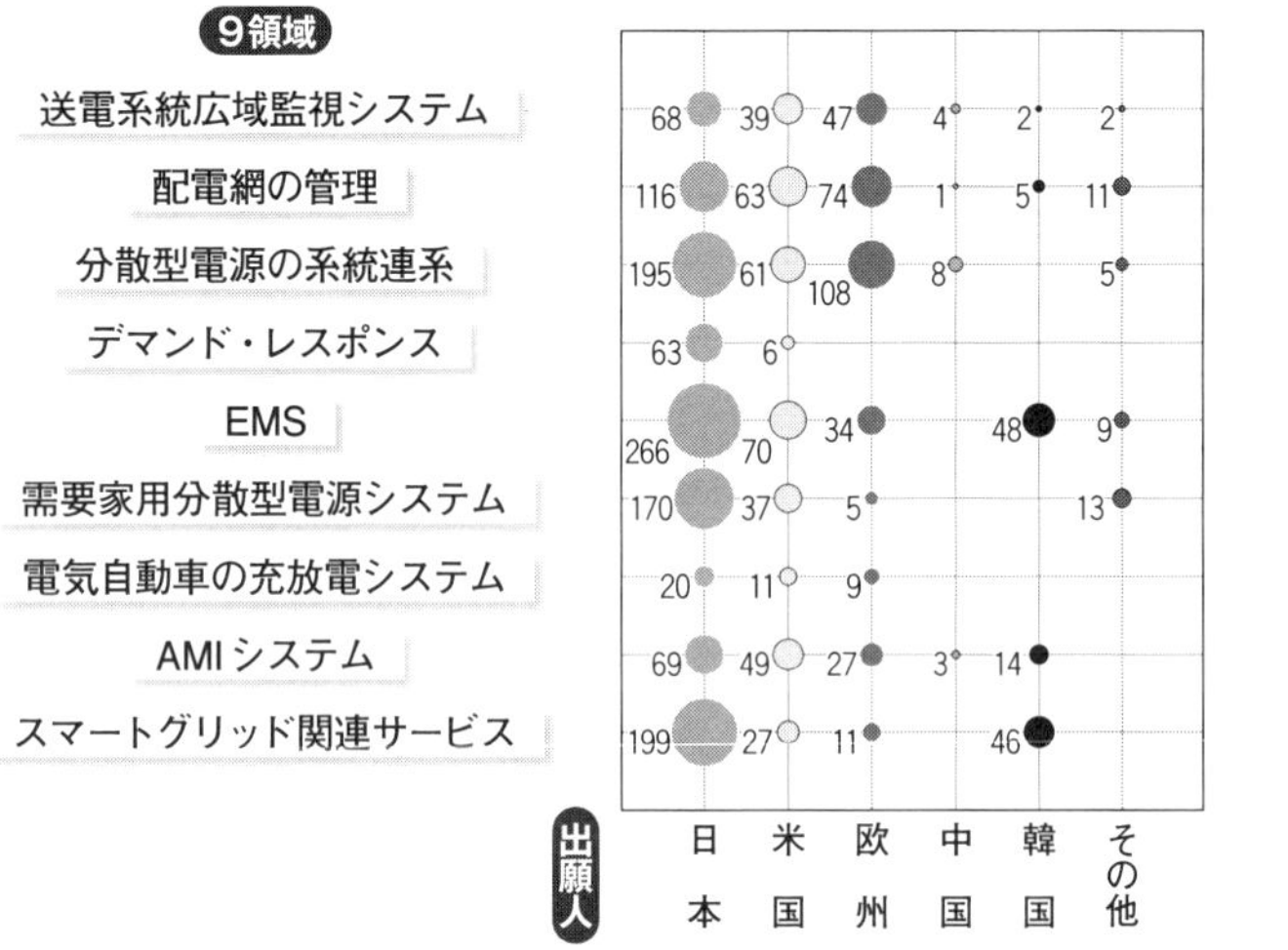

（出典）特許庁

同時にこの調査から明らかになったことがあります。それは、日本の出願人のグローバル出願率が低いということです。日本の大企業については、それぞれ自国での出願が70％前後となっています（参考30①～④）。

一方、ゼネラル・エレクトリックは自国（米国）で30％、シーメンスは欧州で40％にとどまっています。同時に、両社とも中国にはそれぞれ14％と11％、インド、アセアン諸国、ブラジルには合計で、それぞれ23％、18％と展開しています（参考31①・②）。自国よりも外国での出願がはるかに多くなっています。自国での出願とともに外国でも出願をしていることで、グローバル出願率は高くなっています。

一般に、自国であれ、外国であれ、権利の利用と保護の観点から、将来の市場の動向を展望する必要性があるために、あるいは、実際に競争相手や成長途上の新興国の企業の動きを制するために、必要となる地域で、必要となる出願や登録を進めることは、事業活動のグローバルな展開にとって合理

参考29②　技術領域別の出願人別の出願件数（2010年）

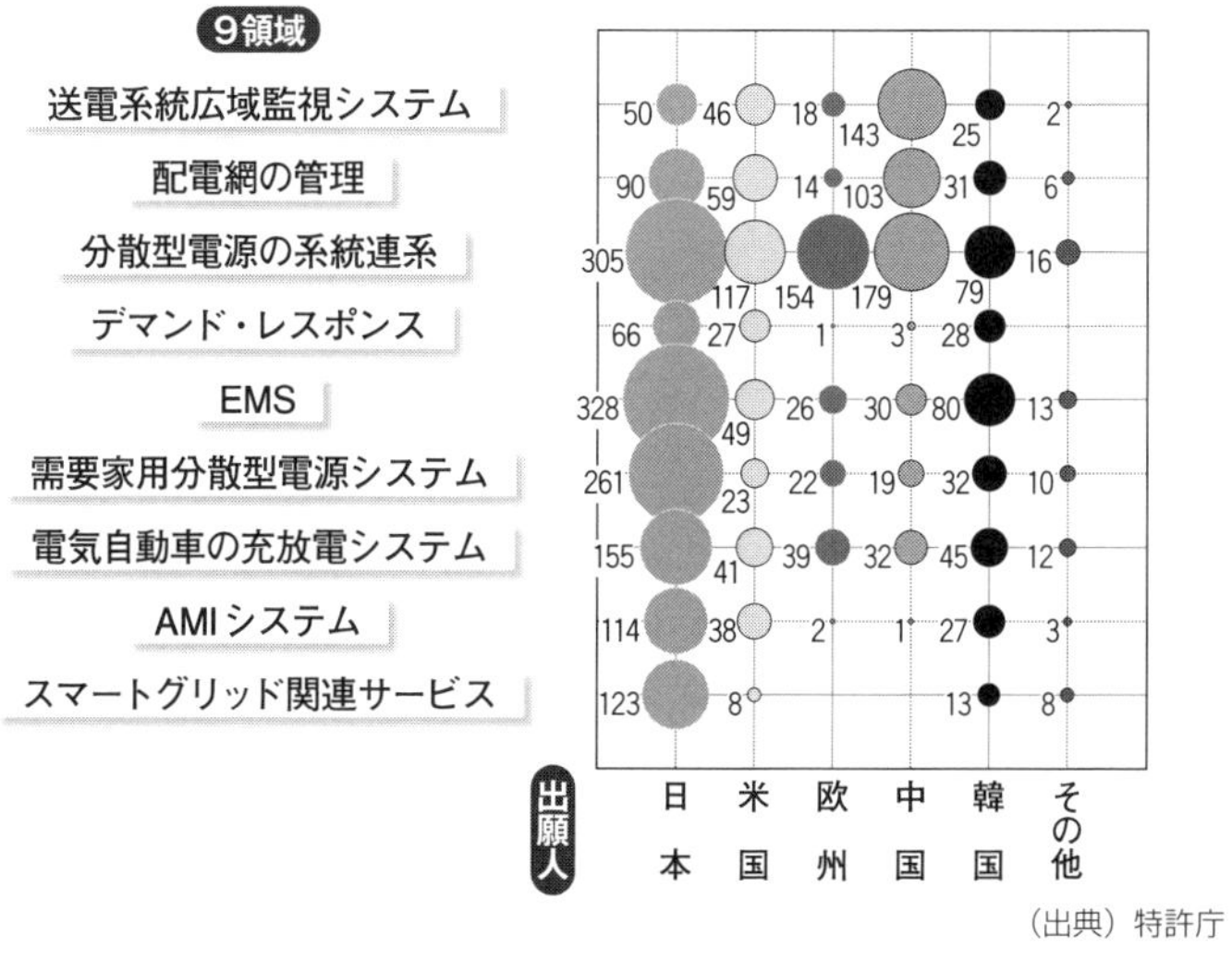

（出典）特許庁

参考30① 技術領域別の出願動向（日立製作所）

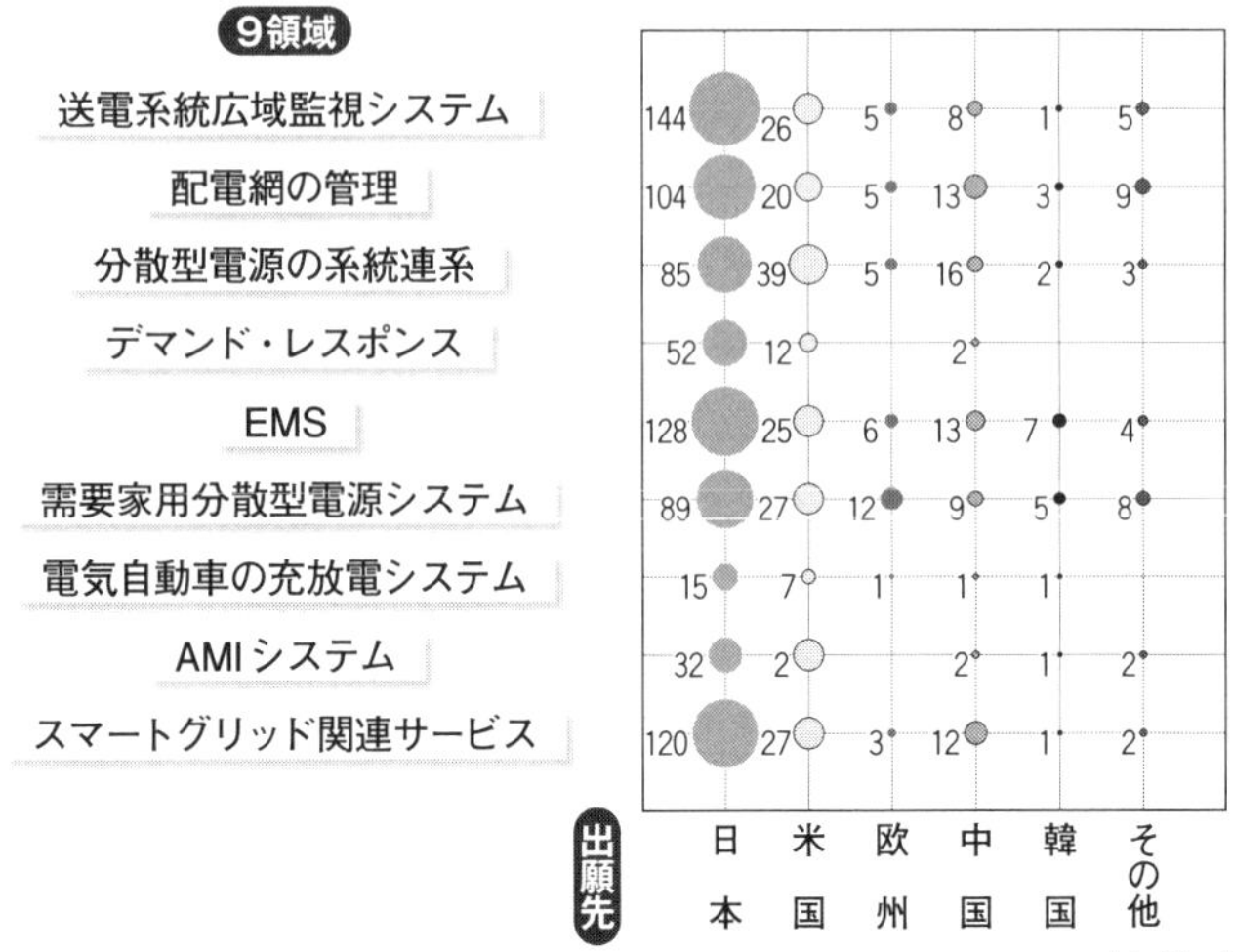

（出典）特許庁

参考30② 技術領域別の出願動向（パナソニック）

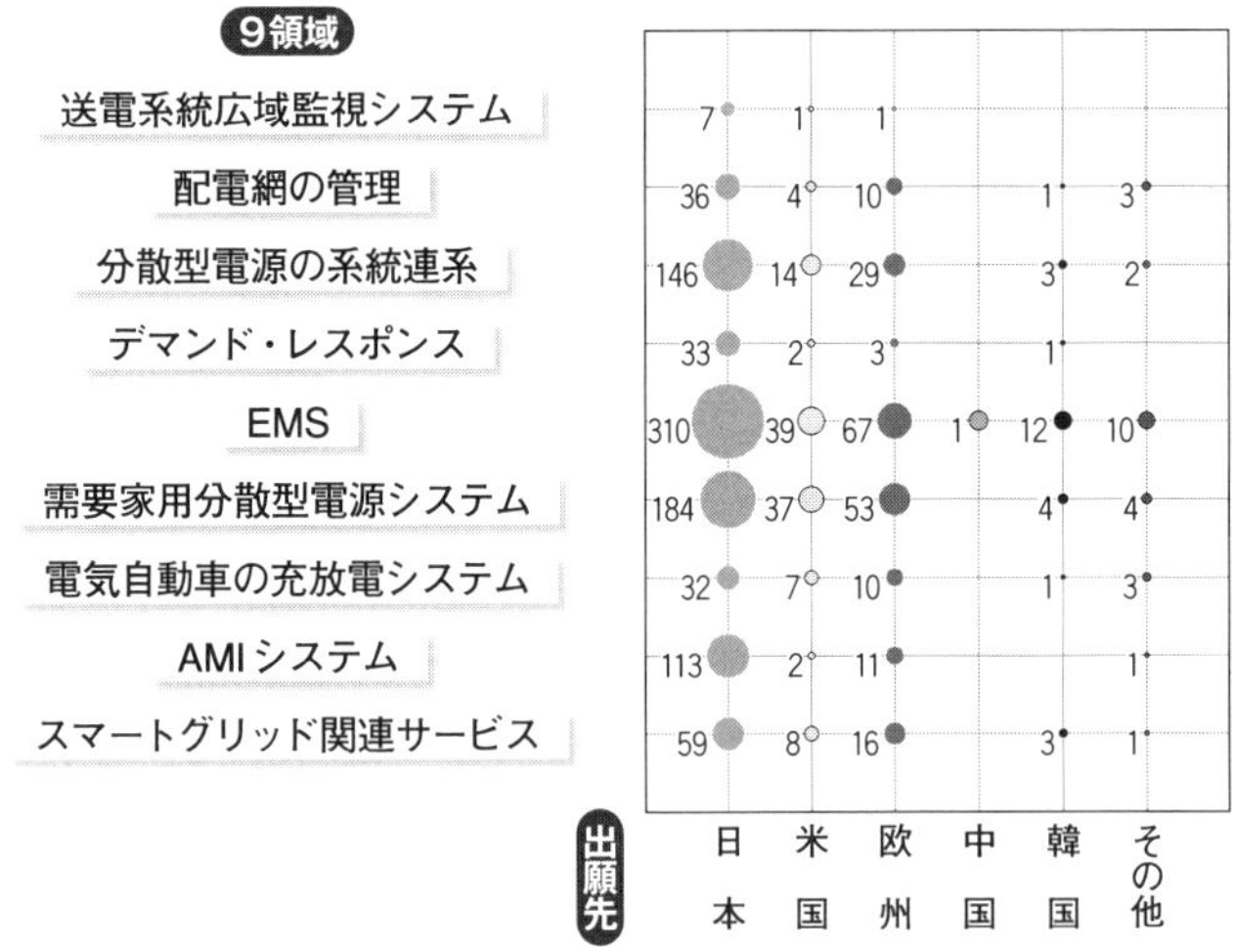

（出典）特許庁

参考30③　技術領域別の出願動向（三菱電機）

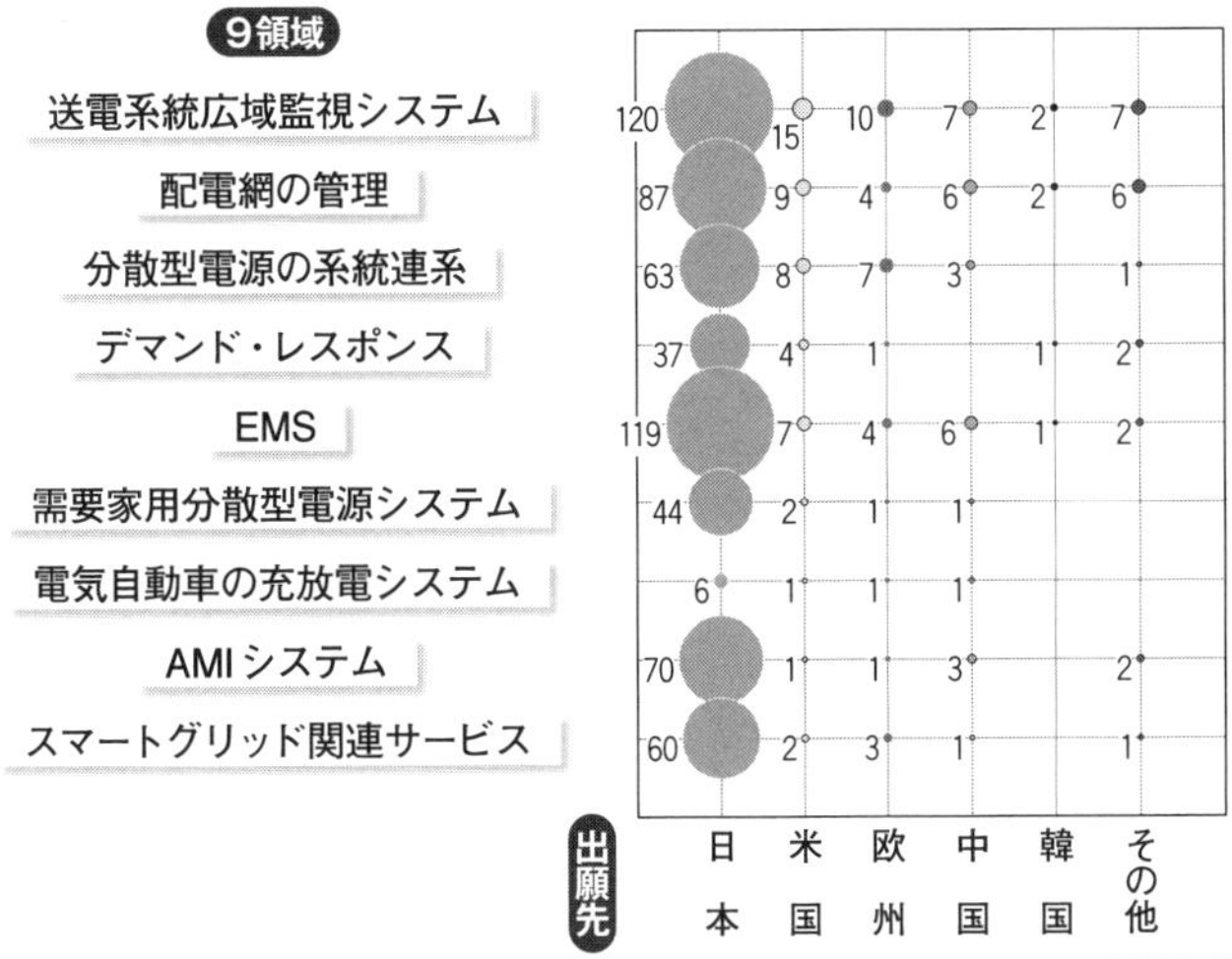

（出典）特許庁

参考30④　技術領域別の出願動向（東芝）

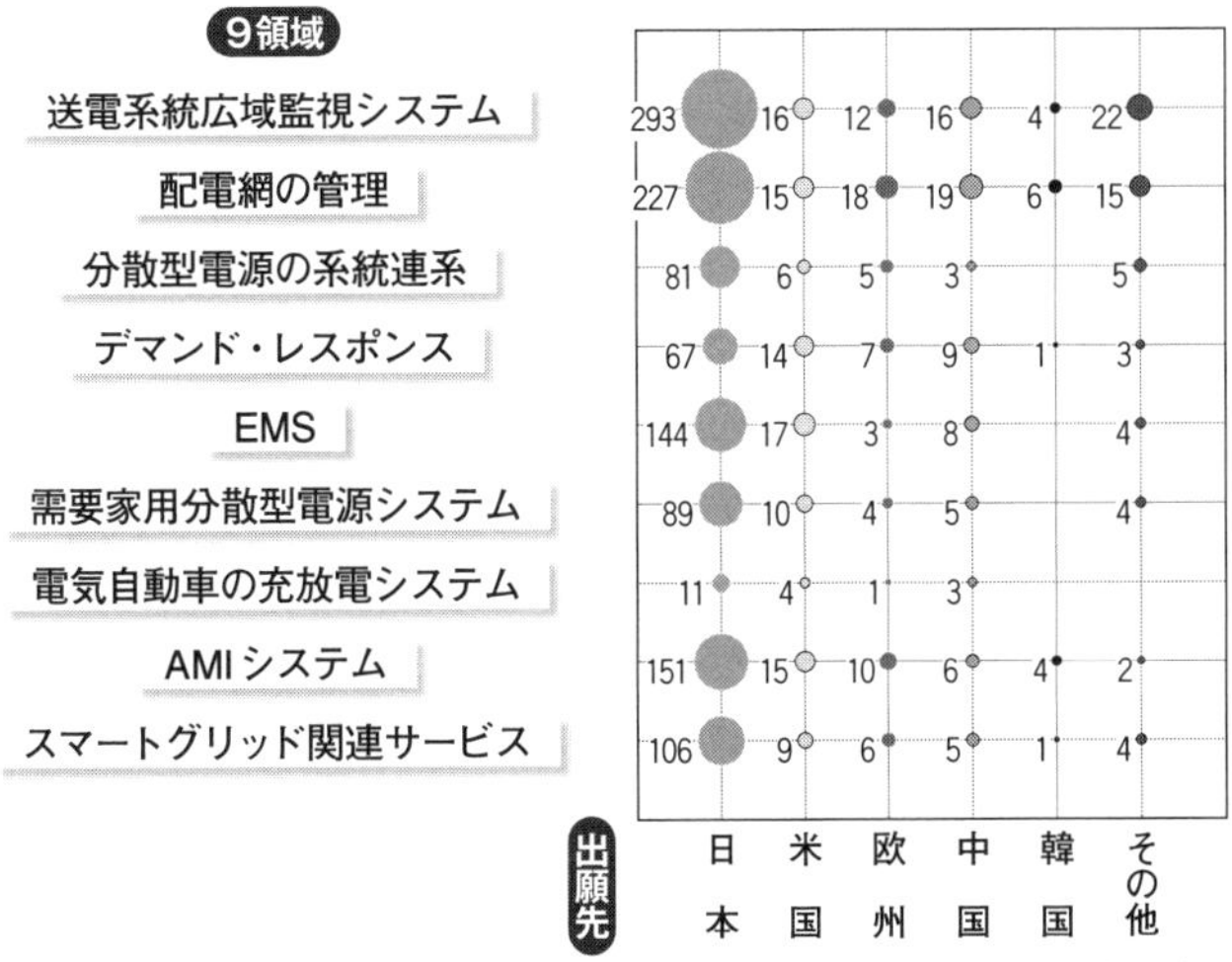

（出典）特許庁

参考31① 技術領域別の出願動向（ゼネラル・エレクトリック）

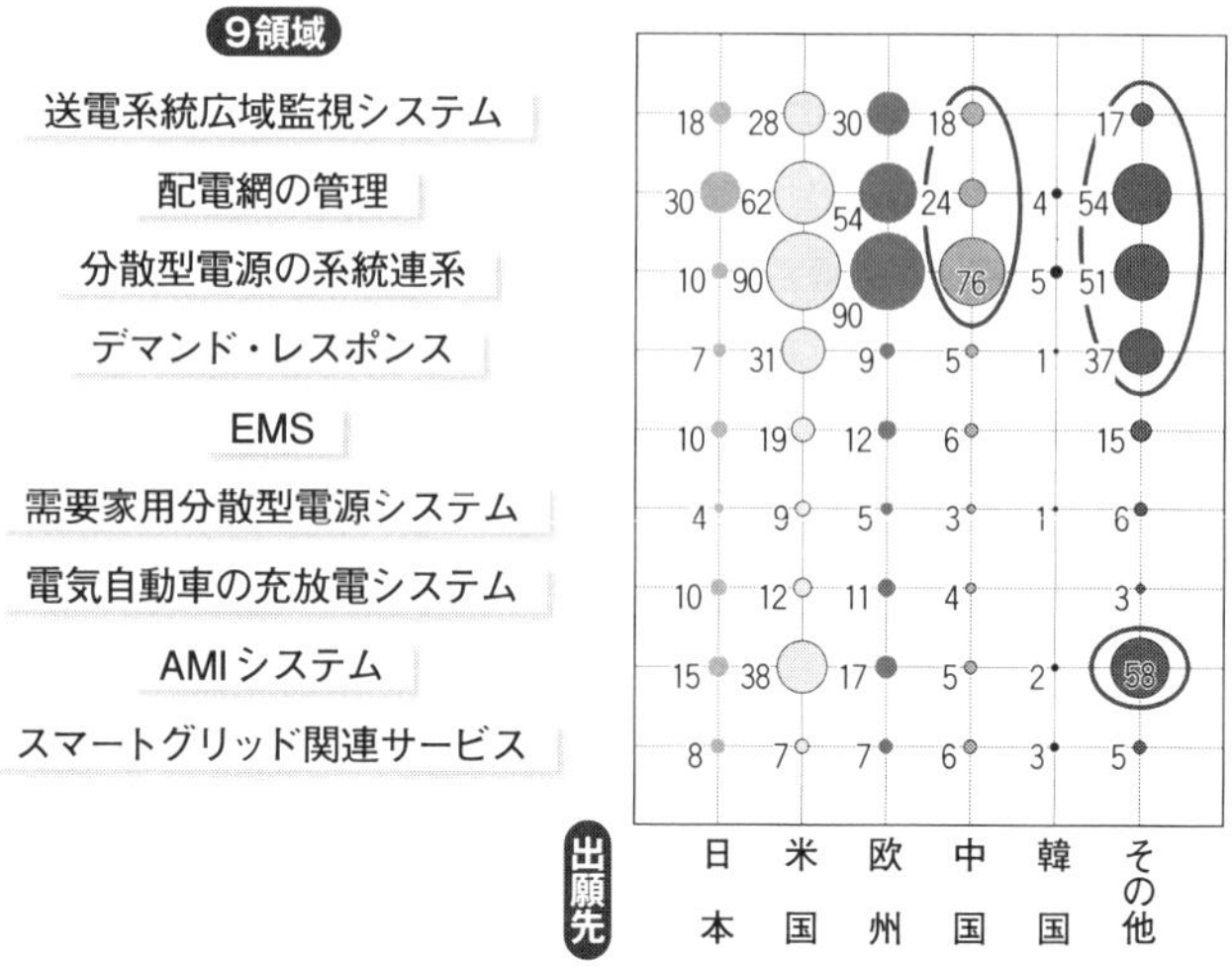

（出典）特許庁

参考31② 技術領域別の出願動向（シーメンス）

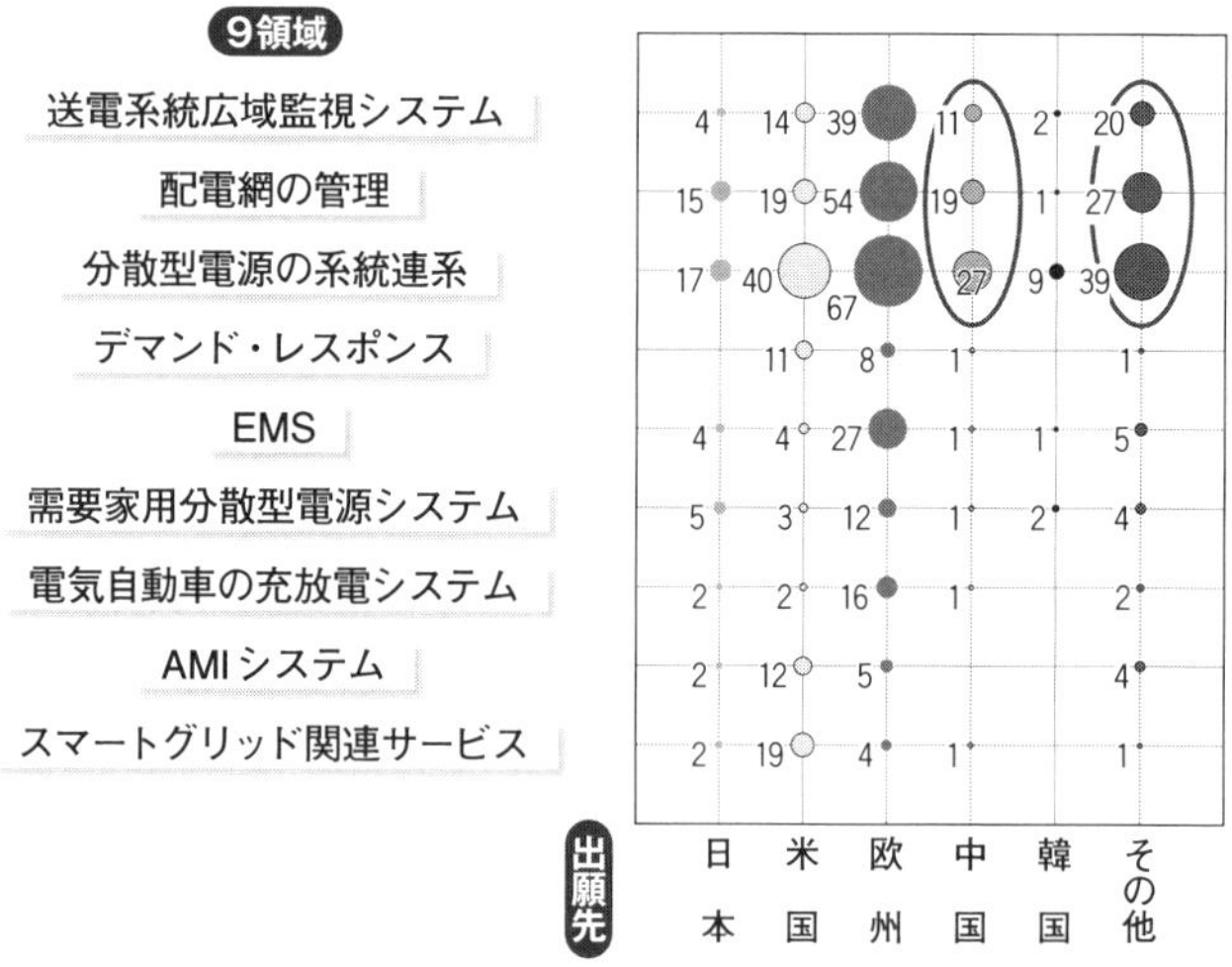

（出典）特許庁

的な判断といえます。

この観点から、スマートコミュニティのケースをみると、グローバル出願率に表れる日本の大企業の動向が合理的な判断の結果と理解できるかどうかには疑問も浮かびます。

基本特許

また、グローバルな市場での日本の知的財産の活動については、基本特許という観点からの評価も重要です。

基本特許とは、法律上の定義や特許庁での定まった解釈などがあるわけではありませんが、通常、根本的な原理となる発明を特許にしたもので、製品やサービスの基本となる部分を抑えている特許、ととらえられています。

一方、基本特許の発明について、さまざまな改良をしたり、特定の分野に限って適用できるようにしたりして、新しい発明をして特許にすることがあります。このような発明のことを改良発明や応用発明といい、そのような発明を特許にしたものを改良特許ということがあります。

改良特許にとって、基本特許は、回避することができない存在になります。

また、基本特許は、権利範囲が広い、といわれることがあります。

すなわち、改良特許をもっており、権利として有効に成立していても、基本特許の権利者に無断で製品やサービスに用いると、基本特許を侵害することになります。

なお、いずれ基本特許になる可能性がある発明については、特許を出願しても権利として成立しにくい、といわれています。権利範囲が広くなり得るので、競争相手に大きな影響をもたらし、特許査定に至っても異議の申立てなどによって取り消される可能性があるからです。

しばしば、大企業では、特定の課題や目標に向かって、数多くの技術者が既存の製品やサービスの改良に取り組む、ということがみられます。その結果、改良発明をして特許を出願するというケースも少なくありません。

日本の大企業でも、数多くのさまざまな発明で特許を生み出してきましたが、これらの中で数多くの改良特許がみられます。

このことについても、具体的に、スマートコミュニティのケースでみてみます。

特許庁の調査では、基本特許という表現は用いてはいませんが、「注目特許」という表現で、特許の出願の際に引用される特定の特許を引用件数の多い順に、9つのそれぞれの技術領域ごとに上位から25件ずつ挙げています。引用の多い特許ほど、その領域での権利範囲を広くもっている、すなわち、基本特許としての性格をもっている、ということができます。

この調査によると、ほとんどの領域での注目特許は、ベンチャー企業を含めた米国のさまざまな企業がもっています。その後を欧州の企業が続いています。

日本の出願人は薄い存在となっています。

ただし、例外的に、電気自動車の充放電システムの領域については、日産自動車やトヨタ自動車などの日本の大企業による特許が25件のうちの16件を占めています。また、スマートグリッド関連サービスの領域についても、省エネ関連で日本の企業の注目特許が数多くみられます。

基本特許を押さえていることで、特許を通じた技術での優位性をグローバルな市場での製品やサービスに活かしていくことができます。システムへと組み込みながら、産業の競争力の確保を図ることができるのです。

排他的独占性に拠る自己実施を徹底するのか、ライセンスで他者と連携するのかはケース・バイ・ケースといえますが、基本特許を通じてグローバルな市場での主導権をとり得る立場を築くことが重要な課題といえます。

知的財産権貿易収支

日本の知的財産の活動を把握する上で、もう1つの重要な指標があります。

それが知的財産権貿易収支です。

財務省と日銀は、国際収支をとりまとめて定期的に公表しています。国際収支のうち、外国との総合的な取引の動向を表しているのが経常収支で、ものの貿易収支、サービス貿易収支、海外子会社からの配当などを含む所得収支などから成り立っています。

サービス貿易収支のうち、日本が知的財産をつかって外国でどれだけ稼ぐことができたのかを示すのが知的財産権貿易収支です。

日本の大企業については、欧米の企業との具体的な比較も通じて、自国での出願に偏っていて、グローバルな市場で競争力を発揮していく上での疑問にもつながることをふれましたが、知的財産権貿易収支の状況は、一見すると相矛盾するような印象をもたらしています。

というのも、知的財産権貿易収支の最近の推移をみると、2003（平成15）年に黒字になって以来、リーマン・ショックの影響を背景として2009（平成21）年に落ち込んだものの、その後復調し、一貫して右肩上がりで伸び続け、2013（平成25）年には黒字の額が1兆円を超え、さらに2015（平成27）年には2兆4000億円となっているからです（参考32）。

黒字は喜ばしいことですが、詳しくみてみると、課題もみえてきます。

知的財産権貿易収支は、特許などの産業財産権と著作権に分かれていますが、このうち、著作権等使用料については、2014（平成26）年で8020億円、2015（平成27）年で7551億円、と大きな赤字となっています。

日本のアニメやマンガなどの著作物を利用したビジネスには、重要な輸出産業としての期待が寄せられていますが、現状は、パソコンのソフトウェアなどシリコンバレーをはじめとする米国などの外国の企業に大きく依存しています。これらの著作権に関する支払は多額になっています。また、ハリウッドをはじめとする映画や音楽などのＣＤやＤＶＤについての著作権に関する支払もあります。

一方、産業財産権等使用料については、２０１４（平成26）年で２兆５５２１億円、２０１５（平成27）年で３兆１３０１億円、と大きな黒字になっています。

この黒字の相当なウェイトに日本の自動車産業が貢献しています。自動車関連各企業は、車の生産システムやデザインについて外国の子会社などから特許などのライセンス料などを受け取っています。出荷額の５％から10％といった例がみられます。海外での生産の拡大という産業構造の変化は、このようなライセンス料などの収入の増加ももたらしています。また、その受取についてはドル建てに拠るケースが多く、円安の影響もあって収入が膨らんでいる、ともいわれています。

このような知的財産権貿易収支の動向については、特許庁

参考32　日本の知的財産権貿易収支

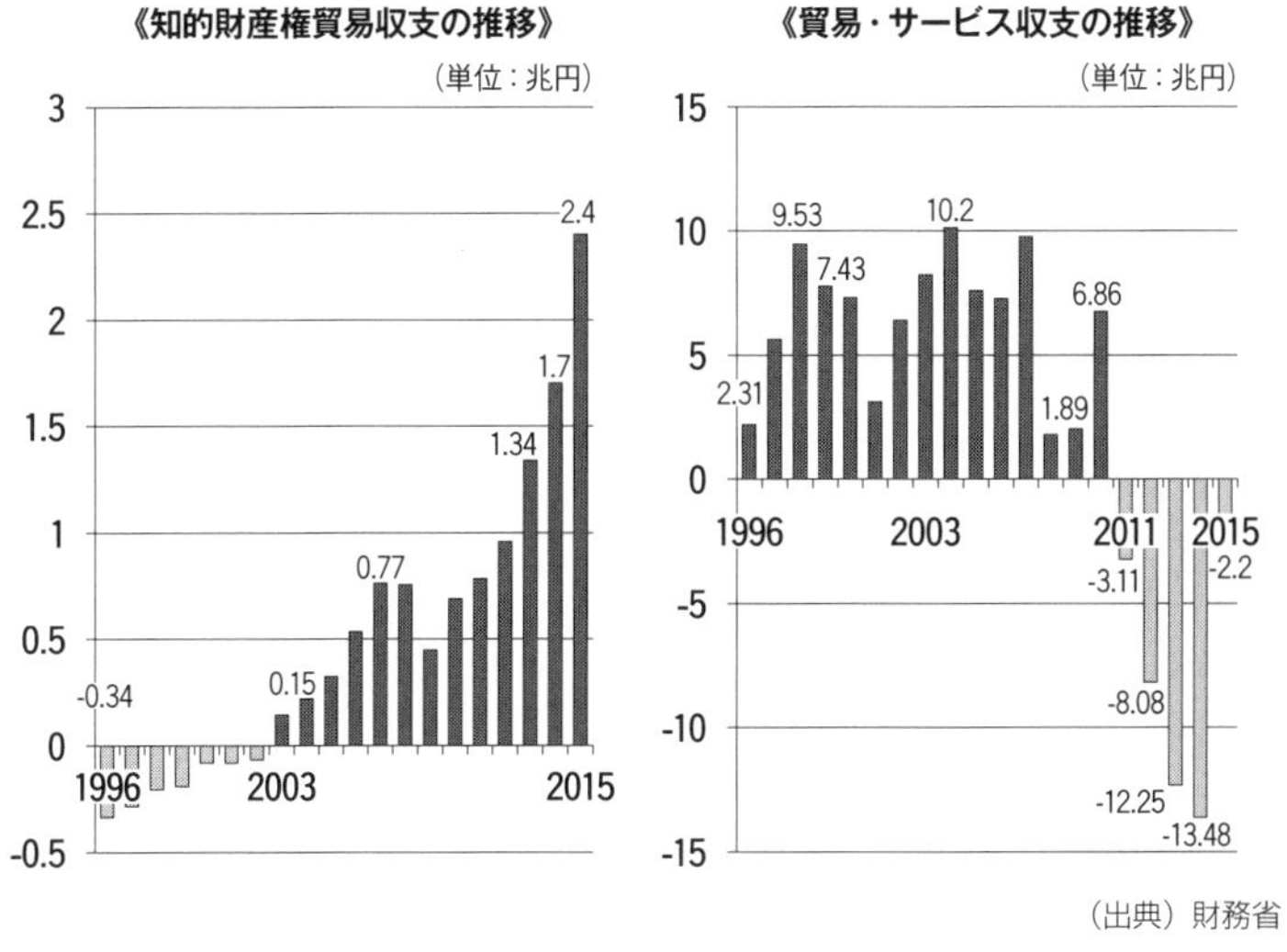

（出典）財務省

のアンケート調査（「知的財産活動調査」）による企業のグループ内外別の取引の収支からも裏付けられます。

特許庁の調査では、日本の企業が外国の企業と取引した際のライセンス料の収支について、日本の企業の規模別（大企業・中小企業）、取引先の企業のグループ内外の別、取引先の企業の本拠地の別（米国・欧州・アジア）で整理をしています。1社当たりの平均額を示したのが参考33です。これによると、企業のライセンス料の収支は黒字を示しているとはいえ、圧倒的にグループ企業からの収入に拠っていることがわかります。

このように、知的財産権貿易収支の黒字が拡大しているということは、特定の産業分野での海外での生産の拡大と最近の円安の中で、本社が海外の子会社などから受け取る収入が増加した、というのが背景にあるのです。

しかし、もう一歩進めて、知的財産で稼ぐ、グループ企業以外の取引先をさらに開拓し、得られる収入を増やす、ということが重要な課題といえます。

参考33　日本の大企業のライセンス料収支（1社平均）

（単位：百万円）

	グループ内外別	収入（a）	支出（b）	収支（a-b）
対米国企業	グループ内	140.8	2.7	138.1
	グループ外	114.9	56.6	58.3
対欧州企業	グループ内	63.2	9.9	52.3
	グループ外	32.2	29.0	3.2
対アジア企業	グループ内	171.1	0.0	171.0
	グループ外	26.8	1.0	25.8

（出典）特許庁

例えば、エネルギー・水処理・CO_2削減など環境関連の技術、品質管理・流通システムなどの産業関連の技術やノウハウ、さらには、アニメやマンガなどのコンテンツといった日本の強みでどのようにして稼ぐかという観点から、改めて国家戦略の中で知的財産の活用を実践していくことが重要といえます。

3 グローバル市場での権利行使の実際

模倣品・海賊版対策

グローバルな市場における日本の知的財産の活動に甚大な影響と被害をもたらしているのが、模倣品や海賊版です。

特許庁では、毎年、模倣品や海賊版による日本の企業の権利に対する侵害の実情について、アンケート調査を行い、その結果を公表しています（「模倣被害調査」）。

２０１５（平成27）年度の調査によると、アンケートに回答いただいた企業の中で模倣品や海賊版の被害を受けた企業のウェイトは、大企業では25・６％、中小企業でも19・４％、平均では21・９％

となっています。少なくとも5社に1社は被害に悩まされていることがわかります。

被害の動向は、雑貨、運輸・運搬機械、電子・電気製品、一般機械・産業機械、食品などの幅広い分野に及んでいます。被害を受けた知的財産権は、商標、特許・実用新案、意匠、著作権とさまざまですし、権利に限らず、営業秘密やノウハウでの被害もみられます。また、被害を受けた国としては約7割が中国と回答しています。

このような被害をもたらしている模倣品や海賊版への対策を整理したのが、参考34です。

当事者自身による取組みをはじめ、既に述べたように（前掲の第1章1「紛争解決・救済と司法制度」参照）第三者が間に入ることもありますし、国内外での司法手続による解決や救済もあります。また、刑事責任の追及を捜査機関に求めることや日本の税関での水際措置もあります。

これらの手続や措置が効果を上げていくための国際的な枠組みが、ＴＲＩＰｓ（知的財産権の貿易関連の側面に関する協定）、ＡＣＴＡ（偽造品の取引の防止に関する協定）、ＴＰＰ（環太平洋パートナーシップ協定）です（前掲の第2章3「ＴＲＩＰｓ協定」「ＡＣＴＡ」、4「ＴＰＰ協定と特許」「Ｔ

参考34　模倣品・海賊版対策

▶当事者の間での解決

▶第三者による解決
- 調停制度
- 仲裁制度
- 判定制度（特許庁）

▶司法手続による解決
- 自国（日本）での裁判
- 外国（日本以外）での裁判

▶刑事責任の追及（捜査機関）

▶水際措置（税関）

PP協定と著作権」参照）。

さらに、知的財産の保護が必ずしも十分ではない国や地域との二国間や多国間の協議や協力によって、これらの国や地域での関連制度の整備・改善や運用の強化を促すという対策もあります。

これらの対策のうち、当事者自身による取組みについては、特許庁の調査によると、国内外での知的財産権の取得、弁護士や弁理士への相談、模倣品や海賊版の製造・販売の事業者に対する警告などが例として挙げられています。

刑事責任の追及については、捜査機関の取組みも強化されています。警察庁の資料によると、商標の侵害や著作権の侵害について検挙した事件の数は、過去5年間でそれぞれ約5割も増えています。

特に、インターネットの通販サイトやオークションサイトを利用した模倣品や海賊版の取引、インターネットでの著作物の違法な複製など、インターネット上で被害を受けた企業のウェイトは年々増加していて、検挙事件のうち、インターネットを利用した事件のウェイトも急増しています（「平成27年における生活経済事犯の検挙状況等について」）。例えば、著作権の侵害については、その約9割がインターネットの利用によるものとなっています。

日本の税関での水際措置についても、権利を侵害する物品に対する輸出入の両面での取組みが制度面・運用面で強化されています。

財務省では、定期的に、模倣品や海賊版などの知的財産権の侵害物品について、日本の税関での差止状況をとりまとめて公表しています（「税関における知的財産侵害物品の差止状況」）。

これによると、２０１５（平成27）年に輸入の差止の対象となった件数は2万９２７４件と、３万件を超えて過去最多となった前年（２０１４年）に引き続いての高水準にあります。輸入の差止については、全体の件数の９割が中国からのものです。また、差止の約5割がバッグ類と衣類で、件数の多い順に、靴、携帯電話・ケースなどの付属品、メガネ、時計が続いています。さらに、キャラクター・グッズなどの著作権の侵害の件数は前年の3倍に、医薬品や自動車部品についても、それぞれ前年の2倍を超えています。

依然として、被害は後を絶ちません。知的財産の保護が必ずしも十分ではない国や地域での取組みが進まなければ、日本の税関や国内での対策や措置を強化しても、それらの効果も上がりません。

このような状況の中で、方法や内容を多様化しながら、二国間や多国間の協議や協力が進められています。

特に、中国との関係については、２００９（平成21）年に日本と中国との間で交換された覚書に基づいて知的財産の保護と協力のための協議の場が設置され、模倣品や海賊版対策が取り上げられています。途上国との関係についても、取締りの強化に向けて、アジアの各国の税関、警察、裁判所などの職員の研修や人材育成の支援などの取組みがみられます。

また、国際知的財産保護フォーラム（International Intellectual Property Protection Forum：ＩＩ

ＰＰＦ）という日本の企業や関連団体の集まりがあります。ミッションの派遣、情報の交換、人材育成の支援などの活動を通じて、模倣品や海賊版対策に取り組んでいます。特に、中国との関係については、国と連携して中国の行政や司法の関係組織に働きかけるなどの継続した取組みを続けています。

日本での権利行使

これらの対策の中でも、裁判を通じて民事上の救済措置や刑事罰が具体化され、その効果が上がっていかなければ、模倣品や海賊版に限らず知的財産を巡る紛争事案の解決や救済を全うすることはできません。

では、実際に、司法手続はどのくらいつかわれているのでしょうか。

参考35①は、日本・米国・中国における知的財産に関する民事裁判の第一審の件数を比較したものです。

これによると、日本での裁判の件数は、その対象を特許に

参考35①　知的財産関連裁判（民事第一審）の件数

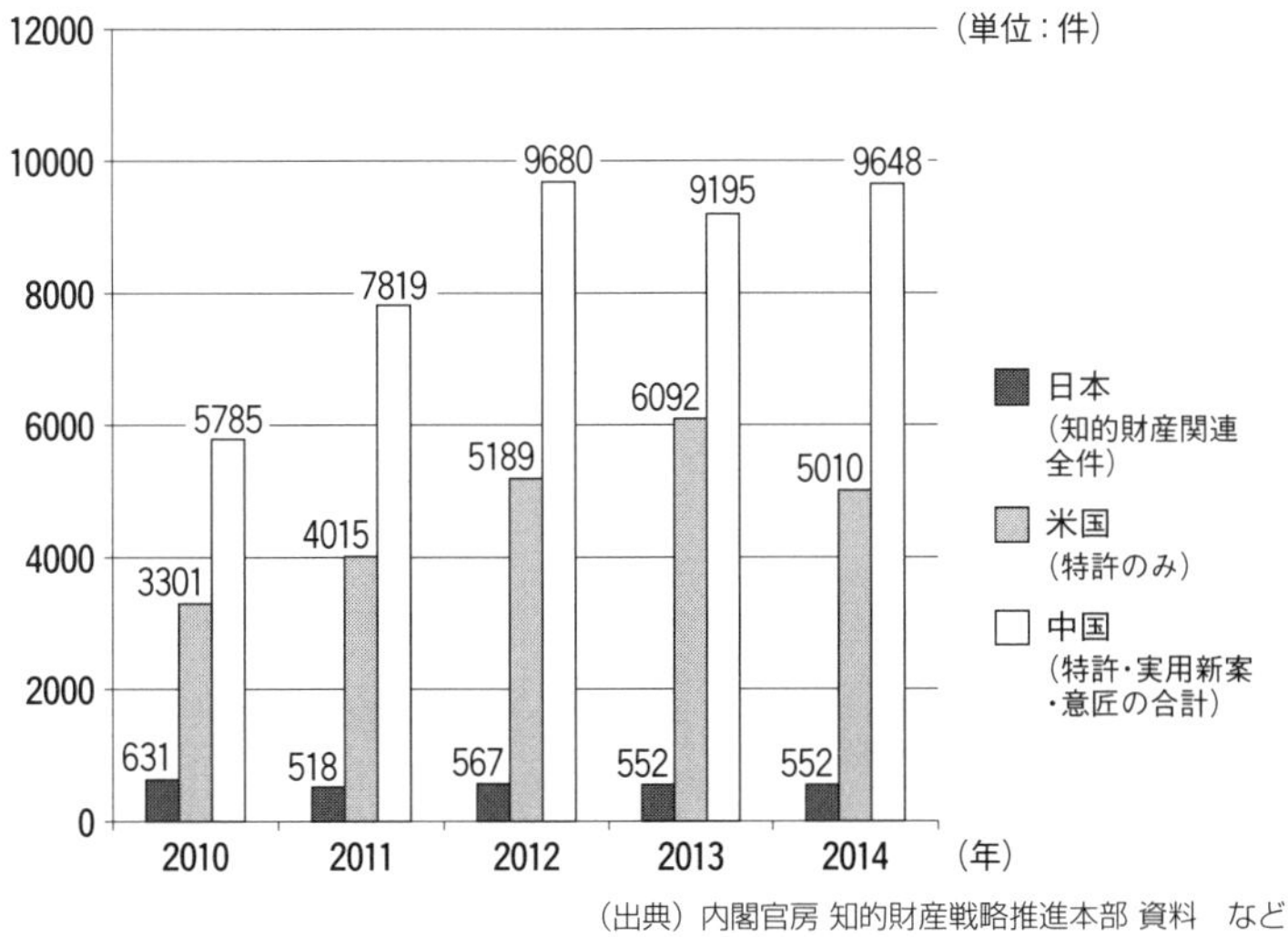

（出典）内閣官房 知的財産戦略推進本部 資料　など

限らず知的財産を巡る紛争事案のすべてに広げて合計しても、米国での特許の裁判や中国での特許・実用新案・意匠の裁判の件数と比べて極めて少ないことがわかります。

特許庁の調査によると、このように日本において裁判の件数が少ない理由としては、権利範囲の広い特許を取得しにくいこと、権利者の敗訴のリスクが高いこと、損害賠償の額が少ないこと、訴訟費用がかかること、国民性として裁判を避ける傾向があること、などが挙げられています（平成25年度「侵害訴訟等における特許の安定性に資する特許制度・運用に関する調査研究報告書」）。

また、特許の侵害について裁判を起こした場合において、権利者である原告が勝訴したウェイトを最近の推移でみると、判決に至った件数全体のうちの2割前後にとどまっています（参考35②）。欧米の各国では4割前後となっていることと比べても低い水準にあるのです（参考35③）。最近のドイツでは、権利者の勝訴が6割を超えている、とされています。

参考35②　特許侵害裁判（民事第一審）の判決の動向

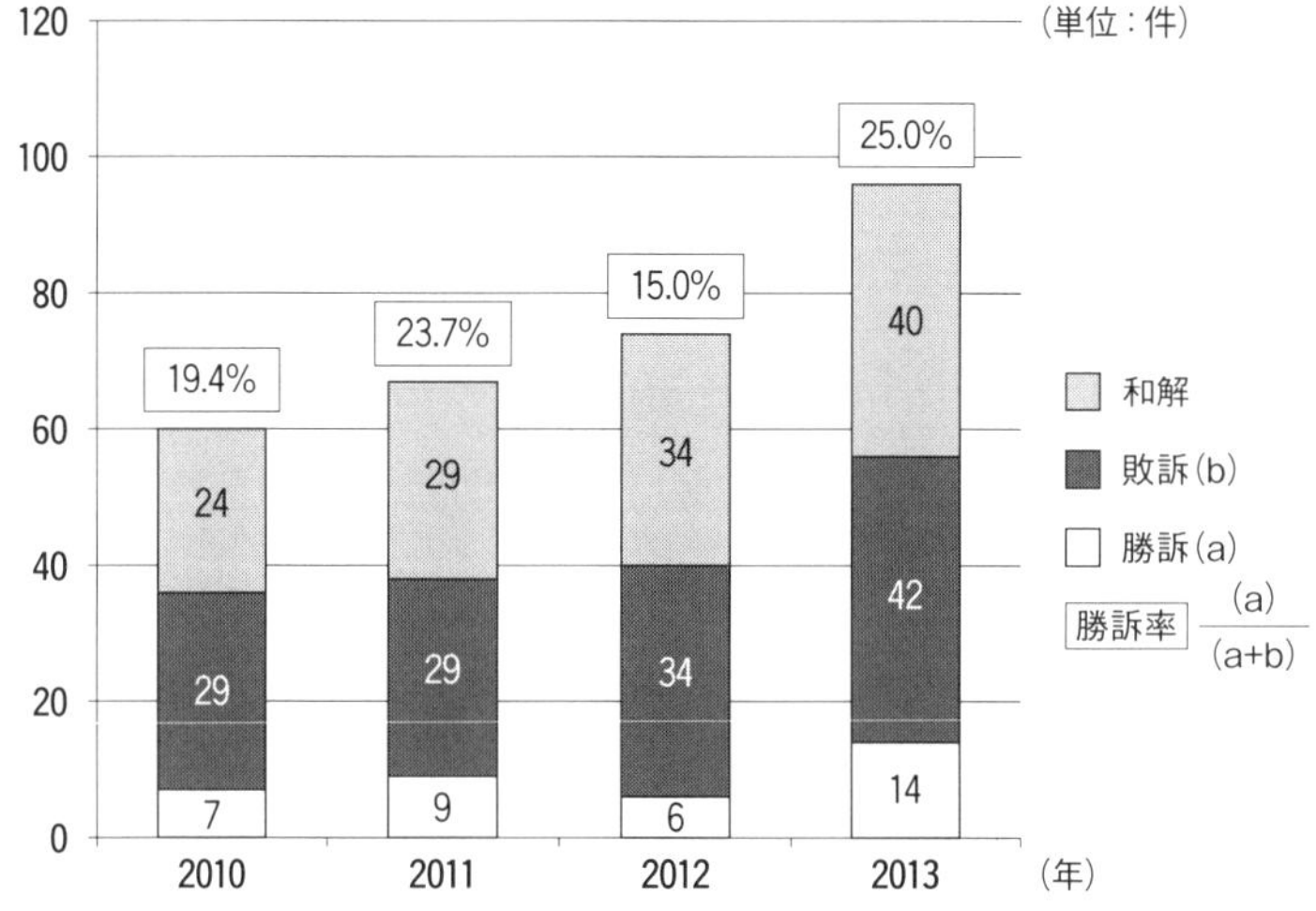

（出典）内閣官房 知的財産戦略推進本部 資料　など

裁判を起こす前に当事者の間で解決しているケースも少なくありませんし、権利者の言い分が反映された内容で和解に至るケースもありますから、実質的にはもう少し高い水準で権利者は保護されている、ということはできます。それにしても、権利者であっても裁判に勝つことが容易ではない、ということには疑問も浮かびます。

裁判の件数だけをみて紛争解決や救済の制度が働いていないと評価することは控えるとしても、知的財産を巡る紛争事案に関する実情については、これまでにも、国の知的財産戦略本部をはじめ関係省庁において、紛争の解決のシステムとしての機能を強化すべきではないか、システムの活用を促していくべきではないか、情報の公開や外国への発信も必要ではないか、などと指摘されてきました。

そして、権利が有効なのか無効なのか、他者の権利を侵害しているのかどうか、などの権利の安定性、裁判所によって認められる損害賠償の額、証拠の収集、差止請求などについ

参考35③　特許侵害裁判における特許権者の勝訴率

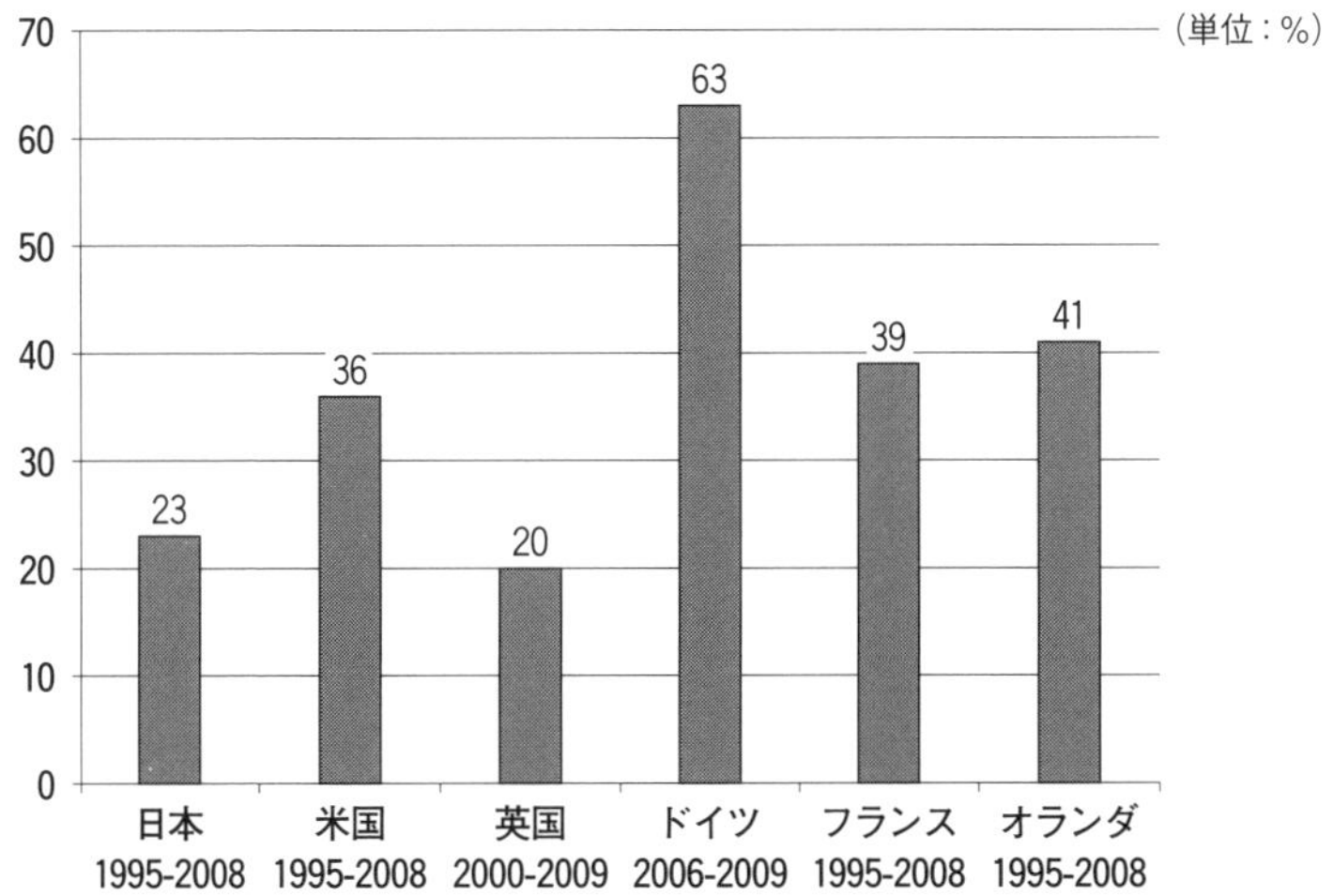

（出典）内閣官房 知的財産戦略推進本部 資料　など

て議論が重ねられています。

そもそも、権利の安定性については、司法制度だけではなく、特許庁による審査や審判のあり方も含めた検討が不可欠です。

また、損害賠償の額については、米国の制度にならって3倍賠償制度を導入することが侵害に対する懲罰と抑止の効果を高めることになり、権利者による立証の負担の軽減を図ることにもなる、というメリットがみられます。一方、事業活動の実情や環境を見通しながら損害の額を見出すことは必ずしも容易ではない、権利者の主張を基礎として損害賠償の額を判断するという基本原則に拠るべきである、公害や国家賠償などの他の領域での考え方などにも配意すべきである、という指摘もみられます。侵害行為の実情や市場の経済的な規模を考慮しないで、額の高低を比較することは適切ではないといえるでしょう。

さらに、証拠の収集については、特に、中小企業や地方を拠点とする当事者の立証の負担を軽減することが必要といえます。裁判の管轄との関係についてみても、東京や大阪以外の地に拠点をもつ中小企業は少なくありませんし、実績のある弁護士に依頼しようとしても費用や機会の面での制約もあります。このような中小企業などへの支援が課題です。なお、ドイツで導入されている査察制度は、権利者の求めに応じて裁判所が選任する専門家によって侵害に関する意見書を提出するという仕組みです。日本での制度の運営にとっても参考になる事例といえます。

外国での権利行使

知的財産権の権利の行使は、権利をもっている国の法律に基づいて、その国内でのみ有効となるものです。そのため、グローバルな市場で知的財産の利用や保護を図ろうとするときには、自国も含めて、必要に応じて、それぞれの国で権利を取得して、行政や司法の制度を活用することになります。

もっとも、先進国と途上国とでは実質的に大きな差異がみられます。

すなわち、知的財産制度の整備が進み、その運用も定着していて、制度が実質的にも機能することを期待できる先進国では、その国での権利の行使が実質的な効果をもつことはもちろん、さらに、迅速な司法手続や執行措置の実効性がその国以外にも効果をもたらす、といえるのです。

例えば、日本のエレクトロニクス関連企業の中には、このような効果も期待して、ドイツでの権利の取得に着目している企業もみられます。その背景としては、既にふれたように、欧州の他国に比べてもドイツでは裁判で権利者が勝訴しやすい実績があること、迅速な執行措置が期待できること、などが挙げられています。

一方、知的財産についての行政や司法の制度が必ずしも十分に整備されていなかったり、実際の運用が不安定であったり、執行が効果をあげなかったり、という状況にある途上国では、そもそも権利の取得に時間や手間がかかり、権利の効果が実質的に期待できない、ということがあります。

したがって、知的財産の保護のためには、日本の税関や国内での対策や措置の強化は必要とならざるを得ませんが、二国間や多国間の協議や協力によって途上国での制度の整備や運用の改善を促し、具体的な成果を導いていくことが不可欠です。

なお、日本が模倣品や海賊版による被害に悩まされている中国については、企業による個別の取組みや連携した働きかけなどを背景として、具体的な成果が現れつつあります。

先にふれたタイヤのトレッド・パターン裁判での勝訴判決のケース（前掲の第1章3「1製品と産業財産権」参照）は、意匠の保護の一例です。

また、著作権と商標の保護の一例として、『クレヨンしんちゃん』のケースを挙げることができます。無断で『クレヨンしんちゃん』の図形や『クレヨンしんちゃん』を示す中国語を付した子供靴などを販売した行為が著作権を侵害していると主張し、日本の双葉社が中国の企業を提訴したのが2004（平成16）年8月のことでした。訴えは却下されましたが、最高人民法院への再審査請求の結果、受理されることとなり、その後8年もの時間をかけながらも双葉社は主張を貫いて、2012（平成24）年3月には勝訴の判決を得たのでした（上海市第一中級人民法院）。また、中国の企業が登録した商標について、行政当局（商標評審委員会）に無効審判請求を行い、その請求を認めなかった審決について行政訴訟を提起しました。その後、審判の再審査を行わねばならないという判決（2006年12月：北京市高級人民法院）を得て、その後の審判で主張が認められ、商標は無効とされたのでした。

この行政訴訟では「中国企業の抜駆け商標登録は不正利益を獲得するための行為であり、かかる行為が誠実信用の原則に反して双葉社の特定権益を侵害した上、中国の商標登録管理の秩序及び公共秩序をも乱し、多大の行政審査資源及び司法資源を浪費し、公共の利益に損失を生じさせた」（双葉社ホームページ「中国における『クレヨンしんちゃん』訴訟の勝訴判決について」から引用）と認定されています。

このケースは、当事者の努力はもちろんのこと、関係者（在中国日本大使館、経済産業省、日本貿易振興機構（ＪＥＴＲＯ）、日本書籍出版協会、日本雑誌協会、日本弁理士会など）の支援が鍵となって、時間は要しましたが、結論として、中国における知的財産権の保護を裁判で具体化した実績の一例といえます。

もっとも、勝訴の判決を得ても、その執行という課題が残ります。

例えば、コクヨがオフィス家具についての意匠の侵害を理由に中国の企業に対して製造販売の中止と損害賠償を求めた裁判では、勝訴の判決（２０１０年５月：佛山市中級人民法院）を得たにもかかわらず、相手方の企業が判決を履行しなかったため、強制執行を申し立てたケースがあります。

このケースは、その後の強制執行の完了を権利者として確認することができた一例ですが、権利の侵害行為が後を絶たない実情においては、費用や時間を要するものの、実績を重ねていくことによって中国での司法制度の実効性が向上していくことが課題です。そのためにも、日本の関係者の支援は重要ですし、中国の関係組織の指導に期待したいところです。

パテント・トロール

「貴社の製品には当社が保有する特許が当社に無断で使用されているので、使用料として××ドルを×月×日までに支払っていただきたい。期日までの支払がない場合には、訴訟を提起することになる」といった趣旨の「警告書」が突然に届くことがあります。

米国で盛んにみられる「パテント・トロール」（Patent Troll）の一例です。

知的財産制度の権利の機能を悪用して裁判をしかけるので、搾取（extortionist）、ゆすり（bully）、寄生虫（parasite）などといわれることもあります。

また、特許に限らず、「コピーライト・トロール」「トレードマーク・トロール」というように、著作権や商標の侵害を理由とする同じような事例もみられます。

もともと、トロールとは、北欧の神話に登場する巨人のことで、洞穴や地下に潜んでいる怪物のことですが、英語の「流し釣り」（troll）で獲物をひきさらうという意味合いも込められています。

米国では、ＰＡＥ（Patent Assertion Entity：特許主張主体）ともいわれています。

ＮＰＥ（Non-Practicing Entity：特許不実施主体）と一括していわれることもありますが、ＮＰＥというと、大学などの純粋な研究機関がその活動の資金を集めるために特許裁判を起こす意味も含まれる可能性があるので、言葉としてはつかい分けて用いられているのが一般的です。

パテント・トロールについては、明確な定義があるわけではありません。

通常は、自身で技術の研究や開発をして特許を取得することはせず、権利者から特許を買い取ることを生業とし、その特許の対象となっている技術を利用している製造企業などに対して、ライセンス料や和解金を徴収するために積極的に法的手段をとる主体、と説明されています。バラク・オバマ大統領によれば、「実質的に他者のアイディアを利用して盗用し、そこから利益を強奪しようと試みる」(to essentially leverage and hijack somebody else's idea and see if they can extort some money out of them)という表現になります(2013年6月「White House Task Force on High-Tech Patent Issues」指令)。

パテント・トロールは、特許をもっているので、法律上、認められた権利の行使として裁判に訴えるという意味では、通常の権利者と変わりはないことになります。

にもかかわらず、パテント・トロールが問題視されるのは、権利を認めている知的財産制度のそもその趣旨に添わない形で権利の行使に及んでいるからです。

すなわち、特許制度は、発明の奨励、産業の発達に寄与することを目的としていますが、パテント・トロールは、形式上は無断の使用に該当するとはいえ、その相手方に対し、補償の見合いとしては不合理なほどの高額の和解金や賠償金を得ることを専らの活動の目的としているのです。

さらに、パテント・トロールの中には、無効になりそうな、あるいは、存続期間が経過しそうな特許を取得して、その経過の前に権利の行使に及ぶ、といった厄介な卑劣な事例もみられます。

米国においては、先端技術分野の主な企業では常に20件から60件のパテント・トロール関連の裁判を抱えていて、実際に米国で提起されている裁判のうち、パテント・トロール関連は6割に及んでいる、ともいわれています。また、パテント・トロールのターゲットは、一製品に数多くの特許が関わるエレクトロニクスや先端技術の分野の大企業が中心でしたが、次第に中小企業、さらにはエンドユーザーである一般の消費者へと広がりつつある傾向がみられます。例えば、コピー機に関する特許をもっている場合には、コピー機をつかっている多数の一般家庭までも対象にする、といった具合です。

規制をかけて禁止するということは、容易ではありません。というのも、規制の対象の主体や行為を定義づけ、限定することが難しいからです。例えば、優れたアイディアはもっているものの、実際に製造するだけの資金や資源がない個人や小規模事業者も少なくありません。規制をかけて禁止することで、このような芽を摘みかねないのです。

米国では、連邦政府や連邦議会でパテント・トロール対策のための取組みがみられます。2013年6月には、ホワイトハウスによって5つの大統領立法提言と7つの立法勧告が公表されました。例えば、パテント・トロールは、自身の存在を表に出さずに「隠れ蓑」といえる企業を設立するケースがあります。大統領立法提言では、このようなケースでの素性を明らかにするために、特許の権利者や出願人の「真の利害関係者」（Real Party-in-Interest）を開示することを挙げています。ホワイトハウスの提言を踏まえて、ＵＳＰＴＯ（米国特許商標庁）ではエンドユーザーが裁判に巻き込まれないようにするための対応のあり方などの情報を提供するなどの行政措置を講じています。また、連邦議会では、裁判を起こす際に具体的な説明を義務づけることで提訴のハードルを上げるなどの内容を盛り込んだ法案が複数、議論されています。

日本の企業についても、報道からは、トヨタやホンダ、キヤノンやソニーなど米国でのグループ企業などが訴えられた事例が窺われます。和解による解決に至って表面化していない事例も少なくないとみられます。なかなか実情は把握しにくいですが、米国でのパテント・トロールの動向には引き続き注意が必要です。

では、冒頭のような「警告書」が届いたら、どのように対応するべきなのでしょうか。ケース・バイ・ケースとならざるを得ませんが、一例を挙げると、次のようになります。

まずは、対象となっている特許の技術の領域に知見をもっているかどうか、同一のパテント・トロールを相手にした経験があるかどうか、という観点から弁護士や法律事務所などの専門家を活用することが挙げられます。また、同一のパテント・トロールから同一または類似の特許で要求を受けている企業が他にもあるかどうかを調べることも必要です。そのような企業があった場合は、連携して対応することが効果的です。そして、対象となっている特許の技術を特定して、その上で、その技術の利用の再考や変更を検討し、侵害の可能性を抑えることを検討します。同時に、特許の判断を見直すように当局に働きかけることもあります。米国であれば、USPTOに異議を申し立てるということになります。さらに、米国であれば、パテント・トロールに有利な判決を下す可能性や傾向がある土地での裁判を避けます。例えば、テキサス州（東部地区連邦地方裁判所）での特許裁判は権利者である原告の勝訴率が70％を超え、米国全体の平均よりもはるかに高い、といわれています。

なお、日本の企業が米国の企業などと連携して対策を講じている事例もあります。

例えば、キャノンは、グーグル、SAP（ドイツ）、米国のベンチャー企業などとLOTネットワーク（License on Transfer Network）という枠組みをつくって、枠組みに参加している企業が、保有している特許を第三者に売却する際には、その特許の使用を参加企業に事前に認める、という制度をとっています。このことで、参加企業からPAEに売却される特許が減少し、PAEに対する牽制の効果が期待できるとしています。このような国境を越えた連携も重要です。

差止請求と衡平原則・権利濫用原則

権利の行使が権利者の意のままに認められるというわけではありません。

知的財産権の権利の行使としての損害賠償や差止めの請求についても、同様です。

ここでは、一般的な法理や原則に拠って、権利の行使が条件づけられることを示した重要な判決にふれます。

1つが、米国での判決です。衡平の原則（Principles of Equity）に基づいて、差止めが認められるために考慮すべき要素を明らかにした2007年5月のイー・ベイ（eBay）連邦最高裁判決です。

オンラインオークションの企業イー・ベイの「Buy it Now」の機能が特許を侵害していると主張して、特許をもつメルクエクスチェンジが損害賠償とこの機能の差止めを求めてイー・ベイを提訴した事案です。パテント・トロールに関する事案としても取り上げられています。

控訴を審理したCAFCは、公益上の保護が求められるときを除いて、原則として特許の侵害が認められた場合には自動的に差止命令を出さなければならない、という従来からの考え方に立って、差止めを認めました。これを不服としたイー・ベイの上告に対して、連邦最高裁は、差止めが認められるためには、特許の侵害によって原告が①回復不能な損害（irreparable injury）を被っていること、②金銭賠償だけでは損害の救済が不十分であること、③原告と被告が直面している双方の困窮（hardship）の程度についてのバランスを考慮すること、④差止めによって公益が損なわれないこと、の4つの要素（four-factor test）を明らかにしなければならない、と判断して、差し戻したのでした。なお、紛争事案としては、その後、和解に至り、問題となった特許はイー・ベイに譲渡されたといわれています。

権利者である原告と侵害した被告との間のバランスをとって、権利の行使について一定の条件づけをしていることがわかります。

米国では、この判決を契機として、パテント・トロールが裁判で差止命令を得て交渉を有利に進めるということが難しくなったといわれています。

もう一つが、日本での判決です。アップルとサムスン電子との間で争われた標準必須特許の権利の行使についての２０１４（平成26）年５月の知財高裁大合議判決です。

サムスン電子がもっている特許の移動通信や携帯電話のシステムに関する技術は、標準規格のものとして、いろいろな製品で活用できるようになっていました。この特許について、サムスン電子は、つかいたい者にはＦＲＡＮＤ条件（Fair, Reasonable and Non-Discriminatory Terms and Conditions）でライセンスに応じる用意がある旨を表明していました（ＦＲＡＮＤ宣言）。標準必須特許について、ＦＲＡＮＤ、すなわち、どの相手方に対しても公正、合理的、非差別的な条件で使用を許諾する、ということを明らかにしていたのです。

アップルとサムスン電子は特許や意匠を巡って世界中で裁判を繰り広げた関係でした。

アップル（ジャパン）が販売しているiPhoneやiPadにおいて、サムスン電子の特許がつかわれていました。日本で行われた裁判は、その特許の使用の許諾について、サムスン電子がＦＲＡＮＤ宣言をしているにもかかわらず、誠実に交渉をしていない、したがって、特許の侵害を理由としてサムスン電子が損害賠償を請求することは、権利の濫用に当たる、というアップルの主張について争われたものでした。

第一審の東京地裁は、ＦＲＡＮＤ宣言に基づいて誠実に交渉を行うべき信義則上の義務を尽くすことなく、サムスン電子が損害賠償を求めることは、権利の濫用に当たるものであり許されない、とアップルの主張を認めました。これを不服としたサムスン電子の控訴に対して大合議で審理した知財高裁は、この判決を一部変更し、サムスン電子の特許に対するアップルによる侵害を認めた上で、ＦＲＡＮＤ条件でのライセンス料相当額（約９９５万円）の損害賠償を認めました。しかし、差止めについては請求を認めませんでした。

すなわち、知財高裁は、損害賠償については、ＦＲＡＮＤ条件でのライセンス料相当額が発明の公開に対する対価として極めて重要な意味を有するものである、として、①ライセンス料相当額の範囲内での損害賠償請求は制限されるべきではない、②ライセンス料相当額を超える部分は権利の濫用に当たる、と結論づけたのでした。

そして、差止めについては、ＦＲＡＮＤ条件での対価を得られる限り、差止めの権利の行使を通じて独占状態の維持を保護する必要性は高くない、として、ＦＲＡＮＤ宣言の特許の権利者に過度の保護を与えることは、特許法の目的である「産業の発達」を阻害し、権利の濫用に当たるという結論を示したのでした。

権利者であるからといっても、権利の行使については、民法上の権利の濫用が適用されることを知的財産権について具体的に示した判決でした。

なお、この判決では、審理の過程において日本での初めての試みがありました。というのは、知財高裁は、アップルとサムスン電子の両者に対して「各界の意見を踏まえた十分な主張立証をするべき」ことを促し、両者が自らの主張や立証に必要なものを裁判所に書証として提出するという形式で、企業、産業団体、大学関係者など、外国からも含めて58件の意見書が提出され、閲覧にも供されたのでした。

米国には、裁判の当事者や参加人以外の第三者が直接に裁判所に対して情報を提供することによって、第三者の専門的な知識や意見が司法判断に反映され得るという制度があります。この制度を「アミカス・ブリーフ」(Amicus Brief) といい、情報を提供する第三者のことを「アミカス・キュリエ」(Amicus Curiae：裁判所の友) といいます。

知財高裁が採用した試みは、米国の制度とは構造的に異なったものでしたが、現行の制度のもとで「開かれた司法」の発展にもつながるものでした。大いに評価されるべきものといえます。

第4章

日本の知的財産活動の展望

1　知的財産戦略と組織のあり方

事業活動・研究活動・創作活動と知的財産

事業活動、研究活動、創作活動の成果は、さまざまな部品・材料、製品・サービス、アート作品などへと形づくられ、グローバルな市場に提供されて、私たちの社会生活や経済産業を巡るさまざまな課題や欲求に応えています。

これらの活動に知的財産を活かしていくことで、活動の成果の価値や効果をより高めることができます。また、新たな活動やさらなる成果をもたらすことにもつながります。

ここからは、事業活動、研究活動、創作活動に知的財産を活かす、とはどのようなことかについて、日本の活動の展開に期待を込めて、モデルとなる具体的な事例を紹介しながら述べます。

参考36は、知的財産と事業活動、研究活動、創作活動との関わりを表したものです。

これらの活動に知的財産を活かしていくということは、大別すると次の2つの課題に対する取組みとしてとらえることができます。

1つは、部品・材料、製品・サービス、アート作品などをつくり出していく上で、これらに知的財産との関わりをどのようにつくりこむのか、そのために組織をどのように整えて取り組むのか、という課題です。

もう1つは、部品・材料、製品・サービス、アート作品などを市場に提供していく上で、他者との優位性の構築、国際競争力の維持・強化などの目的を達成するために、組織の外部との関係で知的財産権の機能や仕組みをどのようにつかうのか、という課題です。

それぞれの課題に対する取組みは、さらに、相互に影響を及ぼしながら事業活動などの成果の価値や効果を全体として高めることになります。

これらの2つの課題のうち、前者についていうと、例えば、発明や創作から生まれる知的財産をどのように把握・評価・管理をするのか、また、新たな発明や創作が生まれていくような「好循環」を組織の内部の仕組みとしてどのようにつくるのか、ということが具体的な課題となります。そして、生み出された知的財産を市場の展望の中で価値として具体化し、

参考36　事業活動・研究活動・創作活動と知的財産

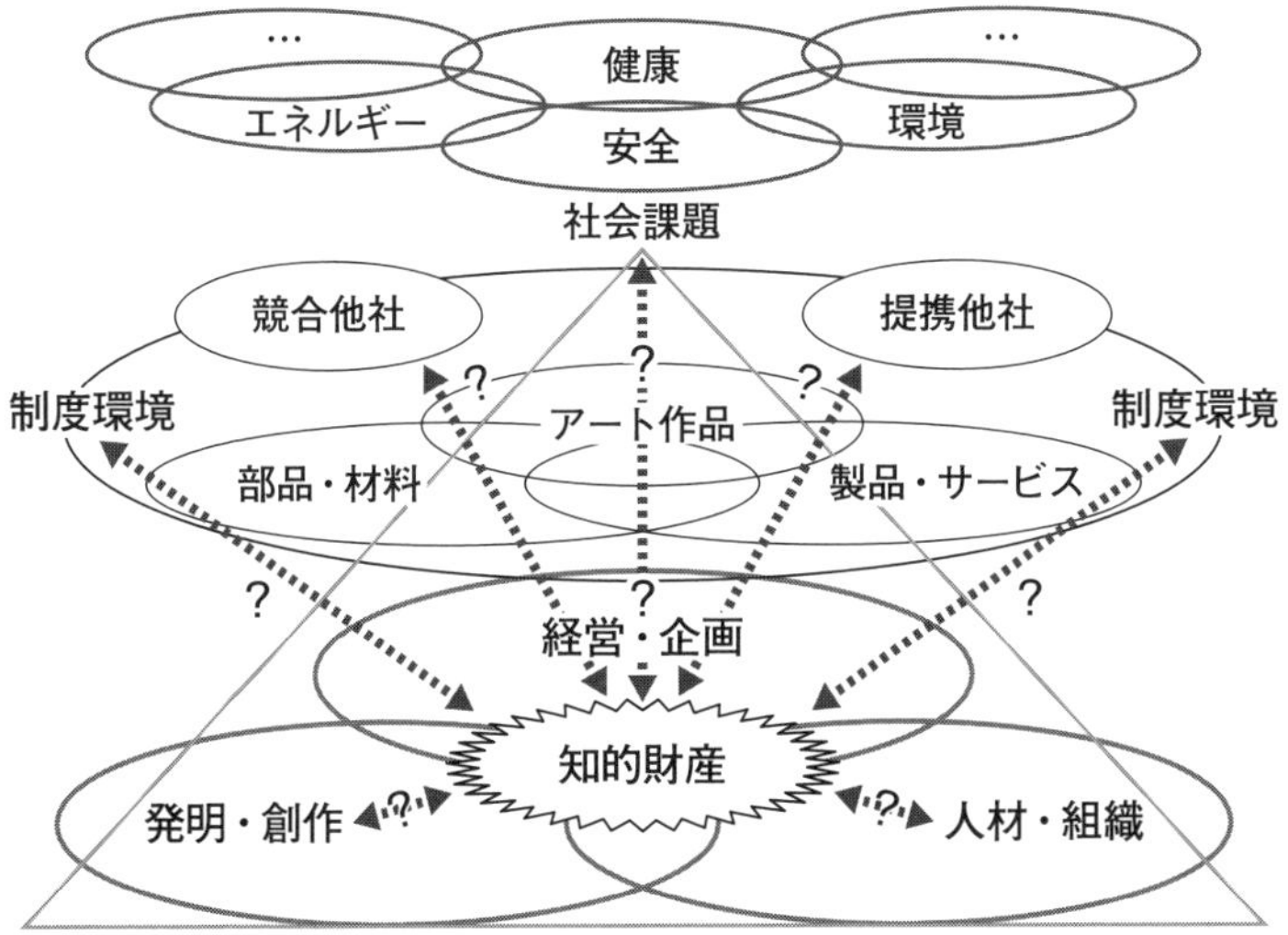

収益をもたらす資源として活用していくために、どのように経営の方針に反映させて具体化するのか、ということが経営やその企画にとっての課題となります。さらに、組織の内部で必要な体制や人材をどのように整えるのか、ということも重要な課題となります。その際に、必要に応じて外部の力や手助けを借りることにもなります。

また、後者についていうと、市場には、競争相手が既に存在し、そして、事業の展開や市場の普及に応じて新たに参入者が現われることがあります。自身が新しい参入者ということもあります。さらに、消費者の保護、公正な競争の確保などの観点から、社会的な規制や経済的な規制も存在します。これらの規制制度もまた、グローバルな市場の動向に応じて改変が施されることがあります。もちろん、知的財産制度もあります。このような市場や他者との関係について、将来の変動の可能性も展望しながら、知的財産権の機能や仕組みをどのようにつかうのか、ということが重要な課題となります。

知的財産戦略とは

これらの課題に対する取組みとしてつかわれるのが、知的財産戦略という表現です。

知的財産戦略は、定義や定まった説明などがあるわけではありませんが、企業の事業活動などについて、競争相手に勝つための知的財産の創造・利用・保護のあり方、ととらえることができます。

そもそも、戦略とは、特定の目標を達成するために、何が決め手となる要素なのかを見極めて、中長期的で複眼的な思考に基づいて、それらの要素に資源を投入して運用する技術や理論を表すものです。軍事、外交、経営などのさまざまな場面でつかわれています。

戦略には、まず、目標を明らかにすることが不可欠です。その上で、具体的な手段としての戦術を組み立てて実践していくことになります。

知的財産についても、万能の必勝法があるわけではありませんし、実践は多様なものとならざるを得ません。

同時に、必ずしも知的財産戦略を高度で難しいものとしてとらえる必要はありません。

知的財産戦略については、その基本的な視点を把握することが重要です。

基本的な視点とは、何のために、という目標を明確にもって、その上で、事業活動、研究活動、創作活動の具体的な内容や環境に即して、知的財産の創造・利用・保護を柔軟に多様な着想でとらえる、というものです。

既に述べたとおり、知的財産とは、ものや情報の価値を高めている知的な創作や信用です。それぞれの知的財産がもっている価値は、グローバルな市場や技術の発展と成長の中で、時を超えて活き続けるものもあれば、変化し、なくなってしまうものもあります。

また、同じ内容の知的財産であっても、あるいは、同じ類型に整理される知的財産であっても、その創作者や権利者の考え方や置かれた環境などによって、その知的財産の利用や保護のあり方が異なったり、変化したりすることがあります。

例えば、発明がなされたので、特許の出願をする、特許が認められたので排他的独占性に拠って製品やサービスなどの製造や販売を展開する、という考え方は、発明と特許との関係、特許の利用や保護などに関して従来から広く実践されてきたことの1つです。このような考え方がこれからも有効に働き得る事例として、医薬品のケースを挙げることができます。

しかし、発明がなされても、常に特許の出願をすることが、グローバルな市場で自分の製品やサービスの展開にとって有利に働くかどうかは、ケース・バイ・ケースです。

例えば、製造方法に関するノウハウの管理などのように、発明がなされても、特許の出願は行わない、発明の成果を秘密として管理する、他者にはわからないようにする（ブラックボックス化）、という考え方は、これまでにも事業活動のさまざまな現場で実践されてきたことです。

知的財産権の機能や仕組みそのものは個別の法律などで定められてはいますが、個別の事業活動などに関して、機能や仕組みをどのように具体的につかうのか、つかわないのか、ということが予め定められているわけではありません。

事業活動などにおいてケース・バイ・ケースで柔軟に多様な着想で知的財産を活かしていくことが重要といえるのです。

そこで、知的財産との関わりをどのようにつくりこむのか、そのために組織をどのように整えるのか、について述べます。

組織のトップ・幹部

組織のあり方については、まず、知的財産に組織のトップや幹部がどのように関わるのか、という課題があります。

何事においても、組織のトップや幹部が活動の目標を明確に示し、基本的な方針を明らかにすることが成果を上げていく上での鍵となります。

知的財産についても同じことがいえます。

組織のトップや幹部が的確に知的財産を認識し、事業活動などに反映させていくことが重要です。よくつかわれる表現ですが、知的財産戦略、事業戦略、研究開発戦略の「三位一体」となった取組みが重要ということになります。

例えば、アップルの共同創設者であるスティーブ・ジョブズについては、「2007年に初代iPhoneが発売されたときと、2006年の社内会議での発言ほど、特許を『武器』と考えるジョブズの執念を物語るものはない」として、次のような場面が語られています（『アップルVS.グーグル　どちらが世界を支配するのか』フレッド・ボーゲルスタイン著、依田卓巳訳（新潮社））。

「2006年秋、アップルのエンジニアたちが翌年1月のiPhone発表に向けた準備に追われていたころ、週一度の定例幹部会議で、iPhoneのどの技術について特許を取得すべきかという問題が議題になった。議論はすぐに終わった。参加者が考える間もなく、ジョブズがきっぱりと答えを出したからだ。『すべて取る』」（同上）。

アップルによる知的財産のつくりこみは、ひとことで表すと、iPhoneやiPadをはじめとする機器とユーザーとのインターフェイスに価値を置いて、これらの機器について、特許に限らず意匠や商標も含めた複数の知的財産権で保護をする、という傾向があります。

新たな製品・サービスをつくり出していく上で、知的財産との関わりについて組織の内部で明確な方針をもつこと、しかも、その方針が経営のトップや幹部によって明確に示されることが重要といえます。そして、これらの実践がアップルにもたらした結果は、グローバルな市場での実績が示しているといえます。

また、必ずしも事業活動そのものではありませんが、グローバルな市場の動向を見据えながら知的財産について明確な方針をもって取り組んでいる事例として、ｉＰＳ（induced Pluripotent Stem）細胞の山中伸弥博士のケースを挙げることができます。

ｉＰＳ細胞の研究開発は、大学主導の日本に対して、欧米はベンチャー企業主導です。特に、米国はベンチャー企業とベンチャーキャピタルが主導して、ヒト・モノ・資金に積極的な投資を繰り広げながら研究開発を進めています。

そのような競争相手が存在する中、山中博士の最大の懸念は、仮にｉＰＳ細胞の特許で米国の企業などに先を越されたら、その技術をつかう医療には高額のライセンス料が伴うこととなってしまう、研究開発が停滞してしまう、新しい医療が拓かれてもライセンス料のために高額のものになってしまう、医療費の高騰も招き、数多くの難病患者を救いたいという理念の実現にとっては大きな壁となってしまう、ということでした。

そこで、山中博士としては、技術の臨床への応用と産業化の促進という目的を達成するために、ｉＰＳ細胞の作製技術について、その基盤となる重要な知的財産、すなわち、基本特許を京都大学が絶対に押さえ、その上で、多くの企業や研究機関が幅広くつかえるようにライセンスをする、という方針を明確にしたのでした。

そして、この方針を実践するために、京都大学のＣｉＲＡ（Center for iPS Cell Research and Application：ｉＰＳ細胞研究所）に「知的財産管理室」を設置するなどして、特許の出願や権利取得についての体制を整えて取り組み、厳しい交渉を経ながらも、京都大学としては、日本、米国をはじめとする30の国・地域でiPS細胞の作製に関する特許を取得するに至ったのでした。

実務・専門人材

知的財産を活かすためにはトップや幹部の関与が不可欠であるとしても、実務や専門の人材なくしては具体的な成果も期待できません。

iPS細胞のケースについていうと、CiRA（iPS細胞研究所）に設置された知的財産管理室の尽力によって、2008（平成20）年9月には日本で最初の特許が成立し、さらに、外国での出願と権利の取得も実現していきました。その成果の背景には、日本の製薬企業で知的財産を担当していた人材を京都大学の知的財産契約室長に迎え入れるなどして、出願や権利の取得、競争相手の動向の把握・分析、交渉と調整などについての実務と専門の体制を整えたことがありました。

日本での出願とほぼ同じ時期に出願をしたものの、なかなか特許が認められなかったのが米国でした。米国との厳しい関係を振り返りながら、山中博士は、次のように述べています（『賢く生きるより辛抱強いバカになれ』稲森和夫・山中伸弥著（朝日新聞出版））。

「CiRAの知的財産管理室の専門家チームが頑張ってくれなければ不可能でした。特に、知的財産は米国においては完全にアウェイですから、彼らも苦労の連続でハラハラしどおしでした」

「米国などまだまだチャレンジしてきますので、そこは戦いというか、安心はできません」「競争力という意味では米国にはとてもかないません。研究費も研究者の数も日本の10倍の米国に勝てるわけはないし、この先も米国が中心になってどんどん研究をすすめていくのは間違いありません。でも、だからこそ、日本が果たすべきミッションは大きいと思っているんです」

「開発競争を綱引きに例えれば、人が10倍の米国と綱引きしても勝てません。でも大本の綱の部分を日本が押さえることはできます」

綱というのは知的財産のことですか、との問いに対して、山中博士は、「そうです。日本がいなければ綱引きすらできない、そういう一番大事なところを押さえることで、主導権を握っていく。それは、臨床応用化、産業化を促すためのCiRAの重要なミッションだと思っています」

「でも現在のiPS細胞関連技術の進展や企業の参入状況をみると、楽観できる状況ではありません。基本特許だけでなく、さまざまな種類の分化細胞をつくる技術などの個別特許も揃えていく必要があると思っています。多くの人につかわれる可能性のある特許をできるだけたくさん押さえることで、主導権を他にとられることなく、またクロス・ライセンスなど交渉の駒を増やすこともできるからです。そうやって欧米に対する競争意識をもつことは、産業化の促進につながると思います」(同上)

京都大学では、CiRAに加えて、取得した特許の企業へのライセンスに関する業務を行う「iPSアカデミアジャパン」という組織や国内外の弁理士などから構成される「iPS細胞知的財産アドバイザリー委員会」も設置しています。このような実務や専門の人材と組織があってこそ、知的財産を活かすことができることになりますし、グローバルな市場での主導権を握ることができるといえます。

そして、山中博士は、次のように述べています。

「ラグビーの名選手であっても、ルールを知らずにアメリカンフットボールをやったらすぐにケガをしてしまいます。しかし現実として、研究者が知的財産の専門知識を持つのは不可能に近い。ですから、研究機関は知的財産の専門家をきちんと抱えること、安定して雇用することの重要性を痛感しています」(同上)

知的財産の管理・体制

組織の内部で知的財産をどのような体制のもとでどのように管理するのか、については、事業活動などの分野や規模によっても異なります。大企業における管理とその体制のあり方の代表例としてしばしば挙げられるのが、ＩＢＭのケースです。

ＩＢＭは、パテント・ポートフォリオ（Patent Portfolio：ＰＰＦ）という考え方で知的財産について徹底した集中管理を行っています。

すなわち、世界の１７０以上の国や地域で事業活動を展開しているＩＢＭは、その主な研究開発の拠点のそれぞれにおいて、研究者やエンジニアに近い存在として設置された知的財産の担当部門が、特許などの取得にあたっています。そして、本社と世界に展開しているそれぞれの子会社との間には包括的な技術援助契約が結ばれていて、子会社の研究開発費を本社が提供し、その成果物である特許を子会社から譲り受けることで、本社には特許が集中します。その上で、本社は、これらの特許を子会社にライセンスをして、それぞれの子会社はその売上などに応じた一定の額を本社にロイヤリティとして支払うことを通じて、技術が共有されているのです。

本社では、特定の技術領域ごとに設置されたパテント・ポートフォリオ・マネージャー（ＰＰＭ）によって特許が集中的に管理されています。

ＩＢＭが保有する特許の全体の価値を最大化するために、活動拠点別や事業部別に特許を管理するのではなく、技術領域別に管理するという考え方に拠っています。それぞれのパテント・ポートフォリオ・マネージャーは、担当する技術領域におけるＩＢＭ自身と他者に関する技術、ビジネス、特許などの情報を収集し、把握しながら、長期の計画を組み立てます。その上で、毎年の出願や権利の維持などの方針を立てながら、それぞれの国での出願や権利の維持の判断、競争相手とのクロス・ライセンスについての助言なども行うこととしています。

ＩＢＭは、２０１５（平成27）年も含めて23年も連続して米国での特許の登録件数で第1位の座にいます。件数は、ユーザーにとっての価値を提供していることを示すという象徴であるとともに、ライセンスを通じたロイヤリティ収入という観点からも重要な意味をもつ、と位置づけられています。そして、パテント・ポートフォリオを確固としたものに組み立て、国際競争力の維持・強化を図る上で、件数が重要な要素となっているのです。

このようなＩＢＭ組織内部での知的財産の集中管理と共有の体制は、エレクトロニクス分野をはじめさまざまな企業にも影響を与えています。

例えば、ある日本の大企業では、特許の取得と管理について、フラッグシップ（ＦＳ）とパテント・ポートフォリオ・マネジメント（ＰＰＭ）と呼ばれる活動を展開してきました。

フラッグシップは、グループ全体の強みや差別化をもたらす技術の発明を集中的につくり出して特許を取得するという方法で、パテント・ポートフォリオ・マネジメントは、これらの発明による製品などを国際競争力の強化につなげていくために特許で囲い込むという管理の方法です。

そして、本社の知的財産本部のもとに、ＩＰ開発本部、ＩＰビジネス本部が設置され、ＩＰ開発本部は、製品の技術領域ごとに研究開発に密着した知的財産権の取得にあたり、ＩＰビジネス本部は、ライセンス、模倣品対策、営業秘密の保護などを担当しています。

このような組織内部の管理と体制によって、事業活動などに知的財産を活かしていくとともに、事業活動などの分野の多様化やその規模の拡大に応じて、グループ内部や子会社も含めた組織全体として、権利の行使や第三者からの攻撃に対する防御にも効果的な取組みができることになります。

さらに、企業によっては、知的財産の担当の役員や責任者にＣＩＰＯ（Chief Intellectual Property Officer）やＣＰＯ（Chief Patent Officer）と名付けて知的財産責任者としての職務を与え、その権限や所掌を明確にすることで、知的財産の活動に統括性や機動性をもたせる工夫をしているケースもみられます。

もっとも、すべての企業がＩＢＭのような管理と体制を整えることができるわけではありません。

中小企業や個人事業者などのように、組織の内部に実務や専門の人材を整えることには限界がある場合もみられます。

このような場合には、外部の力や手助けを通じて、実務や専門の人材の機能を補完し、事業活動などに知的財産を活かしていくことが重要といえます。

弁理士・弁護士

実務や専門の人材として、知的財産を活かしていく上で頼りになる存在が弁理士・弁護士です。

弁理士は、発明したものや考えた商標が既に登録されていないかを調査したり、特許の出願など産業財産権に関する特許庁への手続を代理したりすることを中心的な業務としています。また、知的財産の活用や研究開発に関するコンサルティング、知的財産権に関する仲裁の手続の代理、特許、著作権などのライセンス契約の交渉や締結の代理、特許法に定められた訴訟に関する代理なども行います。

弁理士の制度は、1899（明治32）年に施行された「特許代理業者登録規則」に由来するものです。国家資格士として、日本では弁護士に次いで歴史のある資格です。特許の出願などの手続は弁理士でなければ行うことができません。また、弁理士は、日本弁理士会に入会し、登録しなければ業務を行うことができません。

弁理士になるには、国による弁理士試験に合格する、弁護士になって弁理士の登録をする、特許庁での審査官・審判官として審査や審判の事務に7年以上従事する、という3つの途があります。

法律上、弁理士は「知的財産に関する専門家」と位置づけられています（弁理士法第1条）。

その上で、弁理士は「知的財産権の適正な保護及び利用の促進その他の知的財産に係る制度の適正な運用に寄与し、もって経済及び産業の発展に資することを使命とする」とされています（同条）。

この使命の条項は、2014（平成26）年の法律改正によって定められたものです。知的財産を活かしていく上での実務や専門の人材として、弁理士の使命が的確に果たされることの期待の表れといえます。

そして、このような弁理士の研鑽や努力を支えているのが日本弁理士会です。

日本弁理士会は、研修や人材の育成（「育成塾」「知財ビジネスアカデミー」など）による弁理士や特許事務所の活動の支援、「知的財産支援センター」や「弁理士知財キャラバン」といった支部や地方での無料相談などを通じて中小企業や個人事業者などの知的財産の活動の支援に取り組んでいます。

また、弁理士とともに、弁護士も、知的財産を巡る紛争事案に関する裁判も含めて実務や専門の人材としての重要な役割を担っています。

特に、日本弁護士連合会の「弁護士知財ネット」は、全国の弁護士のネットワークのもとで、地方でも知的財産を巡る課題についてのさまざまな相談に応じることができるように積極的な活動を展開しています。

さらに、企業での経験が豊富な人材も重要です。

工業所有権情報・研修館（ＩＮＰＩＴ）では、外国での駐在経験や知的財産の実務や専門の人材を「海外知的財産プロデューサー」として配置し、中小企業基盤整備機構などの関連組織と連携をとりながら、中小企業の事業活動のグローバルな展開における課題に関する支援を行っています。具体的には、事業活動の内容に応じて、さまざまな知的財産のリスクについてアドバイスをしたり、どのような権利をどの国で取得するべきか、取得した権利をどのように活用するかなどの提案をしたりしています。

大企業では、事業活動の内容などに即して、組織の内部に実務や専門の人材を数多く整えている事例もみられますが、中小企業など、内部に人材を置くことに限界がある場合には、このような実務や専門の人材の機能を外部から活用することが重要といえます。

なお、実務や専門の人材といっても、それぞれで得意な分野が異なることも事実です。例えば、特許については、情報通信、機械、化学など、技術領域も細分化が進んでいる傾向があります。また、出願の内容、調査や分析、折衝や調整など、どのような局面で強みを発揮できるかについても個人や事務所による差異がみられます。

このような得意や強みについては、中小企業や個人事業者にとって、なかなか把握しにくい実情にありますが、これらの情報が的確に提供されるような仕組みづくりも重要な課題といえます。

2 外部との関係とオープン&クローズ戦略

オープン・モデルとクローズ・モデル

続いて、事業活動などの成果を市場に提供していく上で、組織の外部との関係で知的財産権の機能や仕組みをどのようにつかうのか、ということについて述べます。

そもそも、知的財産と組織の外部との関係については、次の2つに大別することができます。1つが、閉じた関係です。クローズ・モデル、クローズ化ということもあります。もう1つが、開いた関係です。オープン・モデル、オープン化ということもあります。

オープン・モデルやクローズ・モデルについて、定義や定まった説明などがあるわけではありませんが、ひとことで表すと、自らの強みの技術の領域を独占しようとする方法をクローズ・モデル、それ以外がオープン・モデル、ということになります（参考37）。

クローズ・モデルの特徴として、①知的財産を秘密として管理する、②自社の強みの技術領域に知的財産権を集中させて、知的財産権の排他的独占性に拠って自ら実施することを徹底する、などを挙げることができます。

いずれも、知的財産の保護についての備えや体制を固めなければ、効果を発揮できないことになります。というのも、既に述べたとおり、営業秘密を巡っては漏えいや侵害のリスクがありますし、排他的独占性とはいっても権利の内容の公開を伴いますから、権利の行使を徹底しなければ強みを維持することができないからです（前掲の第1章1「営業秘密」「知的財産権と排他的独占性」「知的財産権と公開」参照）。

一方、オープン・モデルの特徴として、①知的財産の権利を取得して他者にライセンスをする、②知的財産の内容を標準規格につくりこむ、③知的財産の内容を公開して他者の利用を促す、などを挙げることができます。これらは、それぞれ独立して実践されている類型ではありません。例えば、既に述べたとおり、標準必須特許は、知的財産の内容を標準規格に反映させるとともに、その特許について他者へのライセンスをしながら利用と保護を図ろうとするものです（前掲の第1章3「特許プール・標準必須特許」参照）。

参考37　オープン・モデルとクローズ・モデル

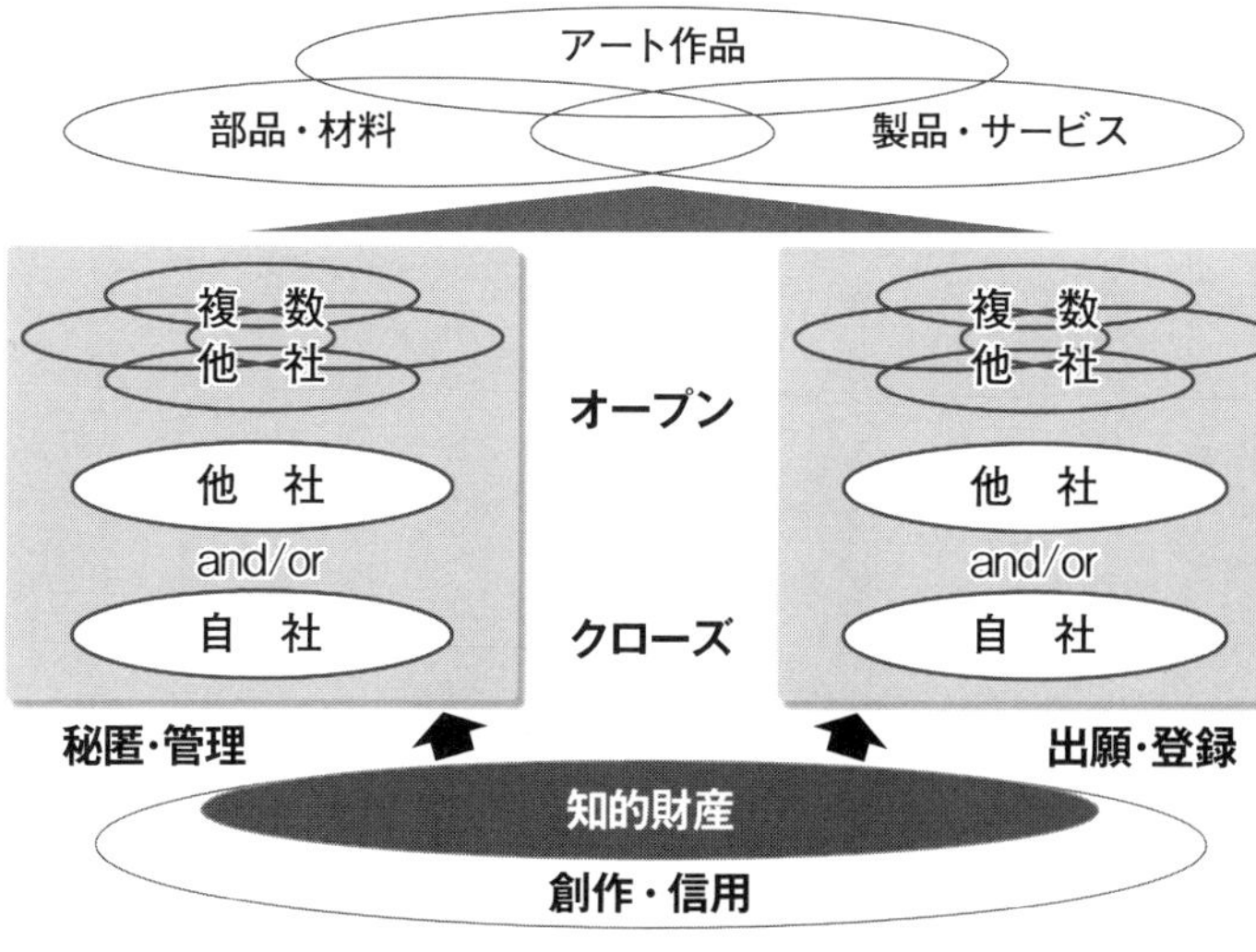

オープン・モデルの知的財産の活動は、著作権の分野で、その対象を不特定多数のコミュニティレベルにまで拡大して発達したリナックスやコモンズなどの実践が影響を与えているとされています。

さらに、最近では、オープン・イノベーションという言葉もよくつかわれています。必ずしも知的財産との関わりに限られたことではありませんが、外部の組織による研究開発の成果、技術やアイディアをとりこみながら、自らの技術開発を進めて製品やサービスなどを生み出していく事例が挙げられています。

そもそも、オープン・モデルという言葉をつかうまでもなく、積極的に他者にライセンスをすることで自らの事業活動をグローバルな市場で展開し、収益に結びつけている事例は少なくありません。

例えば、子猫をモチーフとした「ハローキティ」の人気キャラクターで知られる企業サンリオのケースを挙げることができます。

キティちゃんが生まれたのは１９７４（昭和49）年11月1日とされていますが、サンリオで人気キャラクターを衣類や玩具などのデザインにつかうライセンスビジネスを本格化したのは２００８（平成20）年からのことといわれています。

サンリオの決算書類をみると、２０１４（平成26）年度の連結での売上額７４６億円のうち、３３４億円がライセンスによるロイヤリティ収入となっています。そして、その地域別での内訳はグローバルな市場に及んでいます。米国とカナダで74億円、欧州で84億円、アジアやブラジルなどで78億円と、これらの合計は、日本の国内での98億円をはるかに上回っています。ライセンスビジネスを本格化する前の２００７（平成19）年度と比べて、国内での売上が四割も減少する一方で、海外での売上は5割も増加しているのです（参考38）。

産学連携

外部の組織との連携の中に知的財産を組み込みながら研究開発の成果を社会に活かし、自らの組織の活動に貢献した事例として産学連携の2つのケースを紹介します。

1つが、２０１４（平成26）年のノーベル物理学賞を受賞した赤﨑勇博士の青色ＬＥＤ（Light Emitting Diode）のケースです。

この青色ＬＥＤは、赤﨑博士の所属する名古屋大学と自動車部品や光学エレクトロニクス製品の製造企業豊田合成との共同研究で生み出されたものでした。

この研究開発の資金を提供したのが科学技術振興事業団（J

参考38　サンリオのロイヤリティ収入

（単位：億円）

	2007年度（地域別の内訳不詳）	2014年度（うちロイヤリティ売上高）
親子会社間を除いた売上高	939	746（334）
うち国内	752	469（ 98）
海外	186	277（236）
うち北米	58	90（ 74）
欧州	72	86（ 84）
アジアその他	57	101（ 78）

（出典）サンリオ株式会社　有価証券報告書

ＳＴ）（当時）（現在の科学技術振興機構）でした。その資金は3年半の総額で5億５０００万円とされています。研究開発の成果である特許はＪＳＴに帰属しましたが、この特許をつかった豊田合成の製品の売上は、関連製品も含めて１０００億円を超えるともいわれています。

ＪＳＴとの間の定めに従って、豊田合成は、２００５（平成17）年までに46億円のロイヤリティをＪＳＴに支払い、そのうちの14億円が名古屋大学に、残りはＪＳＴの資金の出元である国に、それぞれ納められました。

国内での産学連携の活動において、特許のロイヤリティとして、大学や研究機関への支払がこれだけの規模に達したのは異例のことでした。

これをもとに、名古屋大学では、赤﨑博士の業績を称えて「赤﨑記念研究館」を設立するとともに、学内での独創的・先端的な科学技術研究を推進しています。

一方、外国企業との産学連携の活動については、より大規模なロイヤリティの事例がみられます。

２０１５（平成27）年のノーベル生理学・医学賞を受賞した大村智博士のイベルメクチン(ivermectin）のケースです。

感染症の治療薬であるイベルメクチンは、大村博士の北里研究所と米国の製薬企業メルクとの共同研究の成果でした。

大村博士は、米国留学を契機にメルクとの関係を築いた、といわれています。北里研究所から米国ウェスレーヤン大学に客員教授として大村博士を招聘したのが、メルクで研究開発の実績を重ねて研究所長を務めた後に同大学に転身したマックス・ティッシュラー教授でした。

大村博士は、米国留学から帰国する際に、複数の米国の製薬企業に対して共同研究方式を提案します。当時の日本では産学連携という言葉も定着していない頃のことです。まさしく先駆的な努力でした。

ティッシュラー教授の支援もあって、いくつかの米国企業の中からメルクとの間での具体的な交渉を進めることとなり、帰国後の1973（昭和48）年には、メルクとの間で次のような合意に至りました。

すなわち、①北里研究所とメルクは、動物に適合する抗生物質などの研究開発で協力関係を結ぶ、②北里研究所の化学物質の研究などに対してメルクは年間8万ドル（当時の為替レート換算で約2400万円）を3年間支払う、③研究の成果として出てきた特許の案件は、メルクが排他的に権利を保持する、④ただし、メルクが特許を必要としなくなり、北里研究所が必要とする場合は、メルクはその権利を放棄する、⑤特許による製品の販売が実現した場合には、売上高に対して世界の一般的な特許ロイヤリティのレートでメルクは北里研究所にロイヤリティを支払う、というものであったといわれています（『大村智』馬場錬成著（中央公論新社））。

そして、この契約のもと、1974（昭和49）年に静岡県のゴルフ場周辺の土壌から発見された微生物が生み出す化学物質が家畜動物の寄生虫退治に劇的効果を発揮することが明らかとなり、「イベルメクチン」と名付けられ、メルクがグローバルな市場に送り出しました。20年もの間、動物薬としての売上トップを占めたのでした。

さらに、動物だけではなく、ヒトにも効果を発揮することが判明し、アフリカや南米の赤道地帯の熱帯地方で蔓延している「オンコセルカ症」という失明を引き起こす病気などの予防薬としてつかわれるようになります。

契約に従って、メルクから北里研究所には200億円以上のロイヤリティが支払われたといわれています（同上）。

これをもとに、北里研究所では、大村博士の業績を称えて「大村記念館」を設立するとともに、研究の助成や病院の建設などを進めています。

オープン・モデルと市場の拡大

オープン・モデルに関連して、自らの事業活動の拡大とともに市場の成長を視野に入れて知的財産権の機能や仕組みをつかっている事例を紹介します。

1つは、先駆的な事例としてしばしば挙げられる日清食品の「チキンラーメン」のケースです。

世界で初めて開発された即席麺が、日清食品によるチキンラーメンでした。1958（昭和33）年のことです。その商標や製法を巡っては、他者からの異議が申し立てられたり、類似の名前の商品が市場に出回ったり、製造方法の微妙に異なる発明が出願をされるなどして、紛争も起こりました。しかし、１９６２（昭和37）年には即席麺の製造方法と味付け乾麺の製造方法という2つの特許を日清食品が押さえることで、他者が同じ方法で味付け即席麺を製造することができなくなりました。その上で、日清食品は、技術契約を行った企業に対して特許のライセンスをすることとしたのでした。その後、業界団体の設立などを通じて、市場の成長と拡大がもたらされました。

もう1つは、最近のオープン・モデルの事例として挙げられるトヨタ自動車の燃料電池自動車に関するケースです。

２０１５（平成27）年1月、燃料電池自動車（Fuel Cell Vehicle：ＦＣＶ）の普及に向けた取組みの一環として、トヨタ自動車は、世界で単独で保有している５６８０件の燃料電池関連の特許を、無償でライセンスをすることを公表しました。

燃料電池自動車のグローバル市場については、２０１５（平成27）年に商用自動車の市場化が始まり、２０２５（平成37）年には１００万台の販売台数になると見込まれています。

トヨタ自動車は、①燃料電池の開発・生産に関する特許（スタック関連の１９７０件、コントロール・ユニット関連の３３５０件）については、市場の成長を見通しながらの２０２０（平成32）年末までという期間内で、②水素の供給・製造に関する特許（水素ステーション関連の70件、タンク関連の290件）については期間の限定なく、それぞれをつかおうとする他者に無償でライセンスを認めることを打ち出したのです。

自動車用に限らず、燃料電池に関する特許の出願先の当局別での件数をみると、トヨタ自動車は、日本のみならず、米国や欧州においても第1位となっています。

トヨタ自動車の判断は、燃料電池自動車の今後の市場の成長と自社の関わり方を熟考した上で、米国や欧州での出願や権利の取得の実情を踏まえ、グローバルな市場での自らの事業活動の展開を目指しています。のみならず、競争相手や部品・材料なども含めた他の企業や関連産業の発展も促していくことで、全体としての市場の成長と拡大をもたらすとともに、自らの国際競争力の優位性を維持し得る、という展望に拠るものとみられます。

なお、ここで留意が必要なことは、発明の成果を特許という権利として取得した上で、排他的独占性に拠る自己実施を徹底するわけではないという意味ではオープン・モデルですが、損害賠償や差止めの請求の権利を放棄しているわけではなく、特許の権利としての機能を出願先のそれぞれの国で確保していることを背景としていることです。もちろん、単に公開するだけではなく、ライセンスを管理していますから、誰がどの特許をつかっているのかを常に把握しています。これらを背景として、グローバルな市場における主導権、国際競争力の優位性を維持し続けることを意図しているといえるのです。

このような知的財産の活動は、日本を代表する大企業であるからこそできるのであって、一般の企業ではここまではできない、という指摘もみられます。確かに、技術開発の成果である発明について数多くの特許として出願や権利の取得の費用をかけること、これらの特許のライセンスの管理をグローバルに的確に行うことは、容易なことではありません。今後、ライセンスの対象となった特許の活用によってどのような進展がグローバルな市場にもたらされることになるのか、具体的な実践を注視することが重要といえます。

トヨタ自動車のケースからは、知的財産戦略の実践としての重要な視点を改めて認識することができるといえます。

それは、将来の市場の展望、収益の見通しなどを含めた経営との一体不可分な判断として、知的財産権のつかい方が位置づけられていることを意味します。このことは、企業の規模や事業活動の分野を問わず、知的財産の活動にとっての重要な鍵といえます。

オープン&クローズ戦略とは

知的財産戦略に関連して欠かすことができない「オープン&クローズ戦略」について述べます。

オープン&クローズ戦略とは、「企業が自社の利益の拡大のために、自社の知的財産を秘匿する、あるいは、排他的独占性を確保するなどの『クローズ』により独占状態を構築すること、自社の知的財産を『オープン』にして他者が利用できるようにすること（例えば、技術を標準化して誰もが利用できるような状況とすること）を戦略的に組み合わせる戦略のこと」と説明されています（「特許行政年次報告書2015年版」）。

そして、「クローズ化とオープン化とのバランスは企業の事業活動に影響を与えるため、クローズ化とオープン化とのトレードオフを考慮することが重要なポイントとなります。クローズ化を選択すると利益率が高いというメリットがある一方で、市場が形成されないため売上が伸びないというデメリットがあります。他方、オープン化を選択すると技術の普及によって市場が拡大するメリットがある一方で、他者の参入が容易になるため他者からの優位性を確保できなくなり最終的には自社のシェアが減少するデメリットがあります。そのため、他者との差別化の源泉となるべきコア技術をクローズとしつつ、オープン化を最適なバランスにて図ることが事業戦略において重要となります」と解説されています（同上）。

オープン&クローズ戦略については、日本のものづくりの国際競争力の強化に関して考察を深めた重要な提言があります。

それは「自社のコア領域（中核となる技術領域）と他者に任せる領域との境界を自社優位に事前設計することがすべての出発点となる」というものです（小川紘一著『オープン&クローズ戦略』（翔泳社））。

そもそも「コア領域」と「他者に任せる領域」の見極めそのものが難しい課題とはいえますが、この提言においては、秘密としての管理や排他的独占性に拠る自己実施の徹底、というクローズ化とともに、自らのコア技術を他者の技術と結合するインターフェイス領域の知的財産を公開する、契約を通じて他者による改良や改変などを野放図にはしない、というオープン化こそがオープン&クローズ戦略に基づいた知的財産マネジメントである、と説明されています。

このことによって、「競争相手になりかねない相手を国際分業の仕組みに巻き込む」「競争相手になりかねない相手にサプライチェーンの他の領域を任せながら市場を拡大させる仕組みをつくる」ことが可能となり、このような知的財産の利用と保護が「日本の製造業の復活に向けた処方箋」であることが強調されています。

そして、具体的に実践されたモデル事例として、アップルなどの欧米企業とともに、日本の企業の事例が挙げられています。

その1つが、三菱化学のDVDディスクのケースです（参考39）。

DVDディスクに情報を記録するには、レンズでレーザー光を記録材料に照射する必要があります。正確に照射するにはレーザー光をガイドする溝と記録する場所のアドレスが予めDVDに印刷されていなければなりません。この印刷につかわれるのがスタンパーと呼ばれる精密な原盤で、記録材料に用いられるのがアゾ色素です。

三菱化学は、自社の技術、知的財産、ノウハウの塊であるスタンパーとアゾ色素を自社のコア領域として管理するとともに、それ以外を台湾企業に公開しました。

小川紘一著『オープン&クローズ戦略』（翔泳社）によると、当時の台湾企業としては「DVDディスクの全工程を自らの手で開発する技術蓄積がなかった」ので、三菱化学が提供する「すべての製造レシピを受け入れてDVDディスクの量産に乗り出さざるを得なかった」のでした。

「当時の多くの日本企業は、DVDに関するすべての技術体系を内部に持つ典型的なフルセット統合型の企業であり」「完成品としてのDVDディスクを自ら量産し、台湾企業を競争相手と位置づけた」のに対して、三菱化学は「台湾企業を競争相手ではなく、それぞれの得意領域を持ち寄り、ビジネス・エコ・システムを介して分業するパートナーと位置づけた」のでした。台湾企業の参入によって、記録型DVDディスクの生産枚数は急増し、2004（平成16）年には世界

参考39　オープン＆クローズ戦略（例）

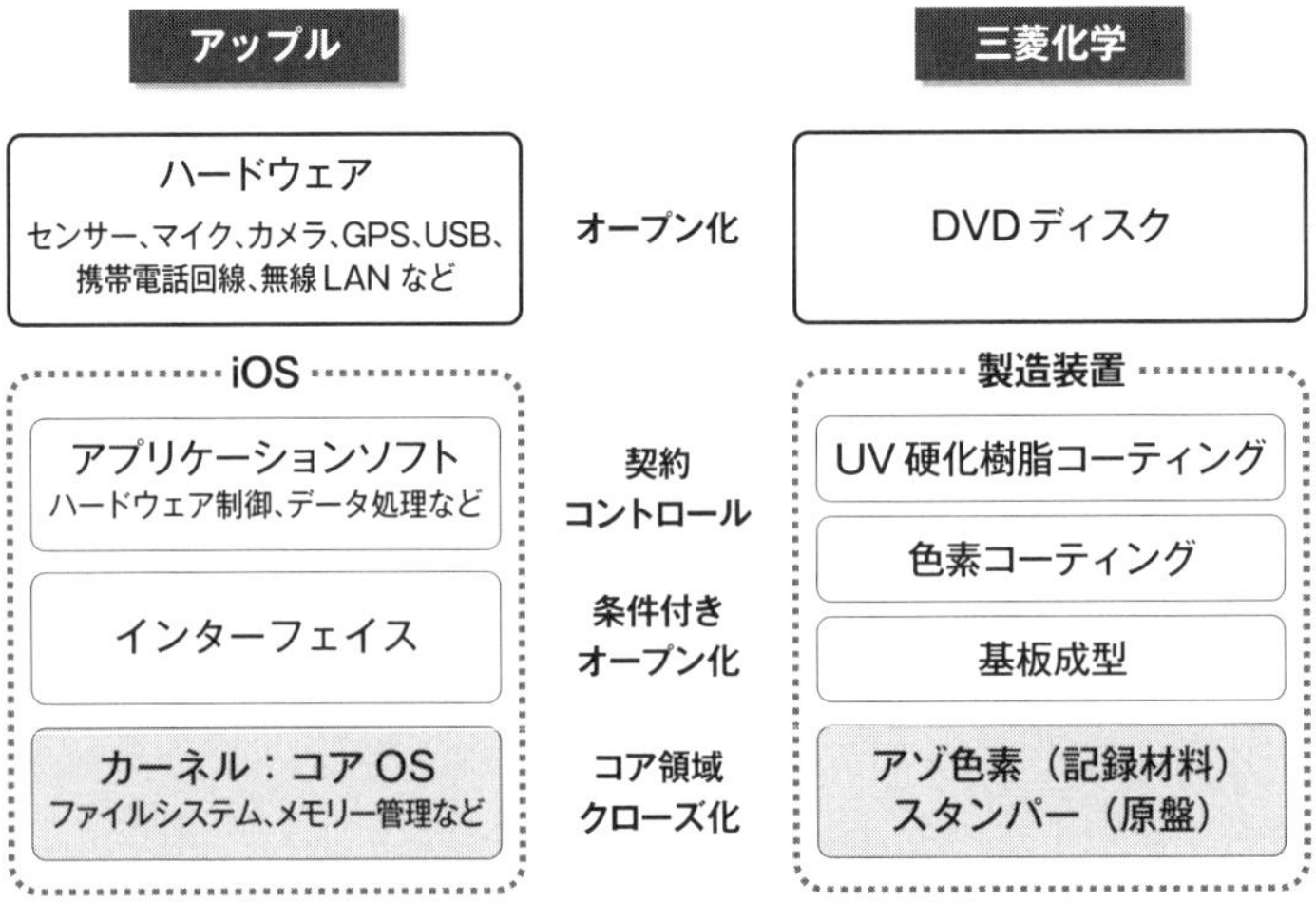

（出典）「オープン＆クローズ戦略」小川紘一著（翔泳社）から一部引用して筆者加筆

で30億枚を超えるに至りましたが、その60％以上に三菱化学のアゾ色素がつかわれたといわれています。三菱化学としては「フルセット自前主義を捨てて企業と市場の境界を自社優位に事前設計し」「材料技術を起点に完成品の市場へ強い影響力をもたせ、完成品側の付加価値を材料側へ結びつける仕組みを構築した」のでした。

このようなケースを通じて、自前主義からの決別、国内で磨く機能と新興国での機能の峻別、それらの境界の事前設計、その中での知的財産のつくりこみと知的財産権の機能や仕組みの活用などが重要であることを改めて理解することができます。

そして、このような設計やつくりこみなどを担う「軍師型の人材」の育成と幹部への登用もまた重要といえます。

3　中小企業・地域資源・制度環境の整備

中小企業への支援

事業活動、研究活動、創作活動に知的財産を活かしていくためには、組織のあり方や知的財産権の機能や仕組みのつかい方などが鍵を握るとしても、誰でも自前で整えることができるというわけではありません。

改めて中小企業や個人事業者の実情についてみると、中小企業は、日本の経済の重要な担い手として、企業数で日本の全体の99・7％のウェイトを占めています。

知的財産との関係でいうと、例えば、特許の出願件数は全体の13％と小さいウェイトにとどまっていますが（2015年）、国内での出願件数が低迷している中で、中小企業による出願は2011（平成23）年以降、増加の傾向にあります（前掲の第3章2「日本における特許の出願と大企業」参照）。

特許庁のアンケート調査（平成25年度「中小企業の知的財産活動に関する基本調査報告書」）によると、知的財産によって、模倣品などの排除が可能となる、信用力が高まる、対外的なアピール効果を得ることができる、ブランドが高まる、などの効果が中小企業の経営者に認識されています。経済産業省による「グローバルニッチトップ（GNT）100選」では、グローバルな市場での開拓に取り組み、ニッチな分野で高いシェアを確保している企業の事例が紹介されていますが、それらの中には、特許を取得するだけでなく意匠や商標も登録しながら外国での事業活動を積極的に展開しているケースや、経営者自らが資格を取得するなどして知的財産の活用に率先して企画して取り組んでいるケースもみられます。

一方、同じアンケート調査によると、中小企業においては、知的財産を管理する人材の不足ととももに、知的財産に関する情報や知識の不足、知的財産に費やす時間の不足、などが課題として挙げられています。

このような課題に対して効果的な支援を通じて応えていくことで、中小企業による知的財産の活用を促すことができる、といえます。

例えば、東京商工会議所では、知的財産を経営に活用するためのガイドブックを作成し、知的財産の活用について、具体的な事例を紹介しながらメリットを解説するとともに、ワークシート方式で設問に答えながら活用の途を提案できるようにしています。

また、特許庁、中小企業庁では、中小企業による知的財産の活用のために、出願や権利の取得に関する費用の軽減措置、相談体制の充実、支援のための人材の提供・派遣、資金調達の支援、外国での出願や権利の取得に関する情報の提供や支援措置などに取り組んでいます。

これらのうち、相談体制については「知的財産総合支援窓口」や「営業秘密・知的財産戦略相談窓口」が重要な役割を果たしています。

知的財産総合支援窓口は、特許庁が２０１１（平成23）年４月から各地方自治体や日本弁理士会などの協力を得ながら展開している機関です。知的財産に関する悩みや課題についての中小企業からの相談を一元的に受け付けることを目的として全国47都道府県に設置し、知的財産に関する相談のワンストップサービスを目指しています。具体的には、知的財産に関するアイディアから事業活動の外国での展開までのさまざまな段階での課題についての相談に、弁理士や弁護士などの実務や専門の人材が無料で対応したり、中小企業の関連組織と連携しながら個別の事例に即したアドバイスを行ったりしています。なお、この窓口は全国共通ナビダイヤル（0570-082100）で、相談を希望する中小企業などの本拠に近い窓口に電話をつなぐ仕組みをもっています。

また、営業秘密・知的財産戦略相談窓口は「営業秘密110番」と略称されているものです。特許庁が2014（平成26）年2月から工業所有権情報・研修館（INPIT）と協力して設置し、知的財産権の取得に限らず、営業秘密としての保護を含めた知的財産の活用のあり方、営業秘密の管理の方法、漏えいや流出などに関する相談に応じています（前掲の第1章1「営業秘密」参照）。

知的財産活用ビジネス評価書

中小企業や個人事業者にとっての重要な課題の1つが資金です。

この課題については、商工組合中央金庫や地方金融機関での新たな取組みが広がりつつあります。知的財産活用ビジネス評価書（特許などの知的財産を活用した事業活動を評価した報告書）の作成と活用という方法で融資につなげようとする取組みです。

特許庁は、この方法を全国的にも広げていく観点から、評価書の作成を支援するとともに、融資の実践のモデルとなる事例の情報の提供などに努めています。

地方に事業活動の本拠がある中小企業や個人事業者にとって、その地方の経済や産業を熟知している地方金融機関の役割は重要です。このような金融機関から中小企業などが資金を調達しようとすると、まず課題となるのが担保です。特許などの知的財産権を担保権の対象とすることは可能です。しかし、仮に特許を担保権の対象にしようとしても、市場での価値が変動する可能性がありますし、その評価は容易ではありません。仮に担保権を実行して処分をしようとしても、市場が成熟していないといった課題もあります。知的財産が必ずしも円滑な資金の調達には結びつきにくい実情にありました。

そもそも、資金調達といっても、一般に、貸し手の金融機関の立場からは、技術や製品の研究開発のための資金と、販売や運転のための資金とでは、融資の判断の際の課題や視点も当然に異なるものになります。例えば、研究開発のための資金は、製品の優位性の前提となる基礎的な技術力、製品を具体化するための総合的な開発力、開発した製品の量産化や商品化などが融資の判断の際の重要な検討課題となります。これらの課題について、技術の評価は不可欠なものとなります。

一方、販売や運転のための資金については、技術をはじめとする競争力の優位性を維持することができるかどうかという時間軸での評価も重要になりますが、どちらかというと、市場の動向、競争相手、資金の回収、債権の管理やポートフォリオ、将来の収益の見通しと返済能力などが重要な検討課題となります。これらの課題は、技術の評価とは直接には関係がないともいえます。

そこで、担保権の対象としてではなく、知的財産を資金の調達に結びつけるための方法として、特に、技術の評価をはじめとして知的財産を基礎としながら事業活動を判断し、融資の判断に役立てようとしたのが知的財産活用ビジネス評価書の作成と活用です。

具体的には、技術の内容、営業秘密、特許や商標などの知的財産権などを中心として、事業活動の全体を第三者の評価機関が調査し、収益に知的財産がどのように貢献するのかを把握し、融資の判断の際の検討材料の1つとして活用する、というものです。

知的財産ビジネス評価書を活用することを打ち出した金融機関は、32都道府県で61機関を数え、着実に広がりつつあります（2015年9月時点）。

その中でも、地方金融機関同士が連携して、地域を越えて中小企業や個人事業者による知的財産の活用を広げることを目的とする取組みを開始しているケースもみられます。

中小企業や個人事業者にとって心強い取組みといえます。

地域資源の活用

中小企業や個人事業者は、日本の経済の重要な担い手であるとともに、それぞれの地域の経済や産業の重要な担い手でもあります。

特に、中小企業や個人事業者にとっては、地域の経済や産業の構造の特性に従って知的財産の活用に多様性が生まれています。例えば、農林水産業が中心の地域では、特許もさることながら、製品やサービスの差別化、ブランドの展開などの観点から、商標に対する関心が高いといえます。

それぞれの地域の特性のもとで、単独での努力や創意工夫によって新しい技術、デザイン、ブランド、コンテンツなどを生み出し、製品やサービスなどの価値を高めている中小企業や個人事業者の事例もみられます。一方、地方自治体、事業組合、商工会議所、商工会、非営利法人（Nonprofit Organization：NPO）などの地域の行政や関係団体が協力して創作と信頼を築きながら、個別の事業者に限らず、地域全体としての新たな価値をつくり出している事例も少なくありません。

例えば、地域団体商標の活用は、地域のブランドを適切に保護することで、地域の事業者の信用を確保し、産業の競争力の強化や地域の経済の活性化をもたらすことを目的としています（前掲の第1章3「商標と地理的表示」参照）。

このように、地域の特性を活かした中小企業や個人事業者の事業活動の展開において、知的財産の活用は重要な役割を果たすことになります。同時に、知的財産総合支援窓口などによる国や地方自治体による支援についても、知的財産の積極的な活用が円滑に進むように、地域の特性に沿った実務や専門の領域で相談体制を整え、人材を確保するなど、支援についての幅の拡充と質の向上が重要といえます。

また、支援のための相談体制や人材とともに、知的財産の活用によって地域の特性を活かした事業活動などの事例について、その実践の鍵となった要素などをわかりやすい情報として提供することが重要です。それぞれの地域での取組みにおいて、モデルとしての活用が期待できるからです。

例えば、ご当地のシンボル・キャラクター「ゆるキャラ」の活用の事例についてみてみます。

熊本県の「営業部長兼しあわせ部長」を務める「くまモン」のケースでは、２０１３（平成25）年12月に公表された日本銀行熊本支店の「くまモンの経済効果」と題する報告書によると、「ゆるキャラグランプリ２０１１」でグランプリを獲得してからの2年間に熊本県にもたらした経済波及効果は、１２４４億円と試算されています。テレビや新聞などに取り上げられたことによる広告効果は、さらに90億円以上と見積もられています。

日本の国内外で知名度を高めているくまモンですが、そのブランドは、熊本県の「くまもとブランド推進課」できめ細かく管理されています。

具体的には、熊本県は、くまモンの生みの親である同県出身の脚本家とデザイナーから著作権を譲り受け、「くまモン」という文字で商標も登録しています。そして、中国、韓国、シンガポールなど外国でも商標を登録しています。

そして、「熊本県キャラクターくまモン・くまもとサプライズロゴの利用に関する規程」などを定めて「一切の権利は熊本県に」あることを明らかにした上で、くまモンを県内の企業や関連団体が農林水産品などに利用することについては無償で許可をする、熊本県に関連のない商品への利用についてはお断りする、個人のツイッターやブログでのイラストや写真については著作権の表記があればつかうことができる、名刺や販売用シールなどについては利用の申請・許諾を必要とする、などを規定しています。

このような管理があってこそ、ブランドとしての強みを維持し、国内外での県産品の振興にも貢献することができるといえます。

また、2013（平成25）年のグランプリを獲得した「さのまる」のケースでも、栃木県佐野市が調査会社に委託した結果によると、グランプリ獲得後の1年間での経済波及効果は226億円と推計されています。数字以上に、一体感と郷土愛を育む上で大きな成果があった、ともとらえています。

いずれにも共通していることは、このようなキャラクターの活用について地方自治体が積極的に関与しながら、産地の産品の展開を試みていることです。

知的財産の活用も、このようなケースを含めて多様化していることがわかります。

さらに、地方自治体がその地域に拠点をもつ大企業との関係を背景として、中小企業や個人事業者と大企業の間の仲介役として知的財産の活用に貢献している事例がみられます。

例えば、川崎市のケースでは、市内に工場をもつ富士通のつかわれていない特許（休眠特許）について、単に大企業の特許を中小企業や個人事業者に紹介する機会をつくるということにとどまらず、もう一歩踏み込んだ支援に取り組んでいます。

すなわち、市の職員が、市内の中小企業や個人事業者の事業活動の内容や実情をさまざまな機会を通じて把握しながら、富士通が外部への提供を可能としている特許の内容を理解し、相互の間に入って、特許の活用の可能性をそれぞれに働きかけてライセンスへの道筋をつけ、さらに、その製造技術の指導や販売ルートの紹介についての富士通の協力を引き出す、といった活動を実践し、具体的な成果を上げているのです。

このような仲立ちによって、大企業では日の目をみなかった知的財産も、単独の努力や創意工夫では限界もある地域の中小企業や個人事業者にとっては、新たな展開の鍵として活用される可能性が広がります。

そして、このような成果を上げることができたのは、地方自治体の職員が地域の事業活動の動向を積極的に把握するために、企業への訪問を重ね、経営者との接触を深めるなどの努力を積み重ねていったことが鍵となっているのです。

世界最速・最高品質の審査

もちろん、事業活動の現場近くでの支援が重要ですが、同時に、知的財産の活用が積極的に進むように制度を整え、支援の効果が上がるような環境をつくり出すことも重要です。

これは、特許庁をはじめとする国の責務ともいえます。

知的財産制度については、既にふれたとおり、事業活動、研究活動、創作活動がグローバルな市場のもとで広がり、知的財産もまた国境を越えて広がる中で2つの動きが各国に生まれてきました。1つが、各国のそれぞれの知的財産制度の整備や改善を進める動き、もう1つが、共通化や統一化のための国際的な制度や仕組みづくりの動きです（前掲の第1章1「知的財産権とは」参照）。

特許庁でも、このような動きとして、特に力を入れて取り組んでいる課題があります。

1つが、審査体制の充実と情報の提供です。もう1つが、知的財産システムの国際的な連携です。

審査体制の充実については、そのこと自体は、行政当局としての特許庁の組織のあり方を表しているにすぎません。重要なのは、充実によって何を達成するのか、出願人などの知的財産制度のユーザーにどのようなメリットがもたらされるのか、ということが明確にされることです。

この観点から、特許庁では、世界最速・最高品質の審査を目標として掲げています。

2014（平成26）年3月、特許庁は、特許の審査の請求があってから第一次の応答（FA）を行うまでの期間を11か月以内にする、という10年来の目標を達成しましたが、同時に、新たな目標を掲げました（前掲の第2章4「日本の知的財産立国宣言と知的財産戦略」参照）。

それは、特許についての権利化までの期間（標準審査期間）を10年以内（2023年度まで）に平均14か月以内とする、という目標です。2013（平成25）年での当局別の標準審査期間を比較すると、例えば、特許庁では18・8か月と、米国（USPTO：米国特許商標庁）での28・6か月、欧州

（ＥＰＯ：欧州特許庁）での36・1か月、中国（ＳＩＰＯ：国家知識産権局）での22・2か月、韓国（ＫＩＰＯ：韓国特許庁）での19・1か月などに比べて迅速な審査を既に実践していますが、さらに短縮することで、出願人のニーズにも応えようとしています。

また、審査品質管理小委員会という組織を設置し、審査に関して、管理の実施体制や実施状況について外部からの客観的な評価を受け、審査の品質の向上を目指しています。

情報の提供については、中国をはじめとする外国語での特許や文献の件数が飛躍的に増えている状況のもとで、既に存在している技術や発明かどうかを効率的に調査できるようにするために、これらの機械翻訳文を日本語で検索することができるシステム（「中韓文献翻訳・検索システム」）を構築しています。

これにより、特許とならない出願の申請や審査の請求を絞り込むことにも貢献することになります。

さらに、特許電子図書館を刷新し、出願人のみならず、技術や研究開発の動向の調査などにも活用できる情報の提供に努めています（「特許情報プラットフォーム」（J-Plat Pat））。

知的財産システムの国際連携

このような審査体制の充実と情報の提供とともに、特許庁は、知的財産システムの国際的な連携にも特に力を入れて取り組んでいます。

その具体例の1つが「特許審査ハイウェイ」（Patent Prosecution Highway：ＰＰＨ）という取組みです。

特許審査ハイウェイとは、出願人が特許の出願をした国の当局で特許を取得することができると判断されたときに、その出願人の申請に基づいて、この取組みに参加している他の国の当局においては簡易な手続で早期の審査を受けることができる仕組みです。

２００６（平成18）年に特許庁が提唱し、米国（ＵＳＰＴＯ：米国特許商標庁）との間において世界で初めて開始して以来、この取組みには36の国や地域が参加し、世界全体での申請件数は８万８０００件に達しています（２０１５年12月時点）。

この取組みがもたらすメリットは、審査期間の短縮、当局とのやりとりなどの負担やコストの減少、当局による査定の安定化（査定率の向上）などが挙げられます。さらに、メリットを追求して、申請の要件や書類の統一化などに取り組むとともに、未だ参加していない国の当局に対して参加の働きかけを継続しています。

また、出願や審査の関連書類の電子的な管理、審査の業務のサポートなどのための情報システムの整備においても、国際的な連携を具体化しつつあります。

その具体例が「グローバル・ドシエ」（Global Dossier）という取組みです。

グローバル・ドシエとは、各国の当局のシステムを連携させて仮想的な共通システムを構築し、それぞれの当局がもっている出願や審査の関連情報（ドシエ情報）を当局同士で共有したり、出願人などに提供したりすることができる仕組みです。

世界のさまざまな国で同じ内容の発明について複数の出願が行われている背景のもとで、当局による審査や調査の重複を避けて効率を上げるために、当局の審査官が相互にドシエ情報を参照することの必要性が指摘されていました。

このような状況のもとで、特許庁は、２００４（平成16）年から日本のもつドシエ情報の機械翻訳文を外国の当局に提供することを開始し、その翌々年（２００６年）には日本・米国（ＵＳＰＴＯ）・欧州（ＥＰＯ）の３つの当局の間で相互にドシエ情報を参照することができるシステムを構築しました。そして、中国（ＳＩＰＯ）・韓国（ＫＩＰＯ）も含めた5つの当局（5庁）に出願された同じ内容の発明に関するドシエ情報を一括してとらえて見やすい形式で提供する情報サービス（「ワン・ポータル・ドシエ」(One Portal Dossier：ＯＰＤ)）の構想を提唱し、その後の主導的な役割を果たして、２０１３（平成25）年から提供を開始しました。その上で、日本のＯＰＤのシステムとＷＩＰＯ（世界知的所有権機関）が開発した情報システム（「ＷＩＰＯ-ＣＡＳＥ」(Centralized Access to Search and Examination)）とを接続することで相互にドシエ情報を参照するネットワークを拡大しています。

さらに、特許庁は、アジアを中心に新興国・途上国の当局との協力にも積極的に取り組んでいます。審査官の派遣、人材育成やシステム整備の協力などを通じて、日本の知的財産システムとの連携、日本の審査結果の外国の当局での活用などを図っています。

このような知的財産システムの国際的な連携において、基軸となっているのが米国との関係です。最近の具体例として、協働調査試行プログラムがあります。

米国（ＵＳＰＴＯ）との間において２０１５（平成27）年8月から開始されたもので、審査の結果を出願人に送付する前に、出願人の申請に基づいて、特許庁とＵＳＰＴＯの審査官がそれぞれの調査と見解を共有し、その結果を踏まえて、それぞれの審査官がそれぞれ早期で同時期に審査の結果を出願人に送付する、という仕組みです。出願人にとって、審査や権利の取得の時期に関する予見性が高まることになり、また、先行する技術や文献の調査を協働して実施することで、より強く安定した権利の取得を可能とする、といった効果が期待されています。

デジタル・ネットワークの進展への対応

デジタル化、ネットワーク化、情報通信技術の進展によって、グローバルな市場でさまざまな情報が大量に流通し、蓄積され、利用されるようになりました。特に、モバイル端末の普及などによって、これまでは情報を入手してつかう立場であった一般の消費者が、情報をつくり出し、特定のコミュニティや不特定多数の社会に対して発信することを可能にしています。このような情報の中には、必ずしも経済的な動機から発信されたものではないものもあれば、活用の仕方を工夫することで価値が新たに生まれ、高まるものもみられます。情報の収集・蓄積・利用がさまざまな分野でイノベーションの新たな源泉となっています。

このような状況の中で、著作権をはじめ知的財産権を巡る制度のあり方も問われています。

例えば、これまでも、活版印刷技術の普及によって著作物の複製が容易になり、無断での複製や模倣が氾濫するようになったことに対応して著作権制度が歩み出したように（前掲の第2章1「意匠・商標・著作権の制度の成立ち」参照）、デジタル化された著作物の保護を巡っては、私的使用のための複製に関し、デジタル機器などをつかう場合について、権利者が補償を受けることができる制度を導入したり、二次利用を制限する技術的な手段がとられている場合について、これを回避する行為を規制する措置を定めたりしてきました。

また、クラウド・サービスといわれるように、どのような情報処理機器から情報を受けているかを、エンドユーザーである一般の消費者が意識する必要がない形態が普及する中で、権利の保護と活用の促進のバランスがとれたものとなるよう、著作権の保護や著作物の公正な利用に関する制度のあり方についての検討が重ねられています。

さらに、最近では、人工知能（ＡＩ）がつくった音楽や小説、ビッグデータの活用によるデータベースの取扱いなども議論されています（前掲の第1章2「著作権と著作物」参照）。

このような新たな展開に関する議論の内容については、国の知的財産戦略本部の報告書が現状と課題などをわかりやすくまとめています（平成28年4月「次世代知財システム検討委員会報告書」）。創作性や創作物の考え方、権利者の許諾との関係、権利の制限のあり方など、論点もさまざまですが、イノベーションを促していくように、少なくとも現行の制度が制約の要因とならないように手当をすることが重要です。

この観点からは、欧州でのデータベースの保護を巡る措置が参考になる事例といえます。ＥＵは、１９９６年のデータベース保護に関するＥＵ指令によって、データベースが実質的な投資によって製作された場合に、その内容を抽出したり、再利用したりする行為から保護するための「独自の権利」(sui generis right) を認めています。著作権によって保護されるかどうかにかかわらず、という意味で、著作権とは別の「独自の」(sui generis) と表現されているのです。このＥＵ指令に基づいて、例えば、ドイツでは、著作権法において、創作性が認められないデータベースについての権利を定めている事例もみられます。

現行の制度の目的に照らしながら、新たな展開をその体系に組み込んでいくことが必ずしも容易ではないこともあります。一定の経済的な価値に着目して、模倣や盗用から適切に保護するとともに、その価値を高めたり、新たな価値を生み出したりするためには、現行の制度や体系とは別の仕組みを具体化することも重要といえます。

結びに代えて

筆者が特許庁長官の仕事を後任者に引き継いだ２０１４（平成26）年の年末のことです。米国のＴＩＭＥ誌の「The 25 Best Inventions of 2014」と題する特集記事が眼にとまり、興味深く開いたところ、その中に「自撮り棒」（Selfie Stick）が選ばれていました。「ＳＮＳ（Social Networking Site）では少なくとも４分の１の米国人がSelfieでシェアしている、オバマ大統領も含めて…」という解説つきでした。

そもそも、この「自撮り棒」は今から30年以上も前にミノルタカメラ（当時）が商品化したものでした。当時、日本では実用新案を取得し、米国では「Telescopic Extender for Supporting Compact Camera」として特許を取得しています。公開された米国の特許公報の図面をみると、まさしく、棒の片方にグリップがあって、反対の片方には角度を調整する機能と取付けねじがあり、取り付けたカメラを手許でリモートコントロールして、棒をもつ自分自身を撮影する、という構造です。米国での特許は、その後、特許料の未納を理由として失効してしまいました。仮に特許料を支払い続けていたとしても、今では権利の存続期間は経過していることになります。

最近では幅広く普及している「自撮り棒」も、当時としてはあまりにも早すぎる登場でした。グローバルな市場での製品としての価値を発揮するには、その後のデジタル化や軽量化、自分を撮影して他者と写真を共有する嗜好やそのための手段の普及などを待つ必要があったといえます。

権利を取得することは重要なことといえますし、実際に当時は製品を市場に送り出していますから、その観点から相応の判断があったことと想像できますが、結果的に製品としての成果をあげることはできず、権利の取得についても効果をあげることができたのかはわかりません。

米国MIT（マサチューセッツ工科大学）メディアラボの伊藤穰一所長は、次のように語っています。

「みんな視点が間違ってると思うけど、クラウドの世界、時代になると、強者は物や権利をもっている人じゃないんだよね、You Tubeみたいに、トラフィックとブランドを持っている人が強い。そこを多分、みんな見誤っていて、権利にしがみついてる。ただ権利があっても、誰も見に来なかったら意味がない。結局、いくら特許や著作権を持っていても、ディストリビューションできなかったら全く価値がない」（『グーグル、アップルに負けない著作権法』（角川EPUB選書）角川歴彦著（KADOKAWA））

本書で筆者が申し上げたかったことの1つは、このような視点の重要性です。

そもそも、権利を取得するということは、事業活動などの目標を達成するための手段の1つにしかすぎません。それぞれの事業活動などの目標を達成するためには、大企業のみならず、中小企業、地域、大学・研究機関にとって、グローバルな市場の展望、産業構造の変革への対応、組織のトップ・幹部のあり方、組織の外部との関係のつくりこみ方など、数多くの課題がありますが、本書で述べたとおり、モデルとなり得る具体的な事例も少なくありません。

これらの事例も参照しながら、知的財産を積極的に活かして価値を具体化し、さらに高めてくださることを大いに期待しています。

また、本書の全体を通じて心がけた視点は、グローバルな市場のもとで日本の知的財産の活動や知的財産制度をとらえようとしたことでした。

改めて、世界全体の動向をみると、米国や日本などの先進国をはじめ、最近では中国が牽引する形で、事業活動、研究活動、創作活動のグローバルな展開とともに世界全体での知的財産の活動も広がりつつあります。また、ＷＩＰＯ（世界知的所有権機関）をはじめ、二国間や多国間の協議や交渉を通じて、国境を越えて権利を保護するための共通の制度や仕組みづくりも、着実に進展しつつあります。

今後とも、世界経済の動向と歩調を合わせながら、これらの大きな流れは続いていくといえます。

特に、中国については、本書で述べたとおり、現状では、その知的財産の活動が自国（中国）に集中しているとはいえ、Huawei Technologies（華為技術）やＺＴＥ（中興通訊）をはじめとするエレクトロニクスの分野の大企業では国際出願での積極的な実績もみられますし、米国での出願も大きく伸びています。今後、数だけではなく、外国での権利の主張や保護についても、その内容を充実させて急速に展開していく可能性があるといえます。また、さまざまな分野で欧米の企業やその知的財産を積極的に買収する事例も数多く報じられています。知的財産を通じて国際競争力の強化を図る歩みを着実に進めています。

このような状況の中、日本の知的財産の活動にとって、常にグローバルな市場や技術の発展と普及について、アンテナを高くし、的確に評価をしながら、必要に応じて先手を打つなどの取組みが不可欠といえます。

そして、特許庁をはじめとする国にとっては、事業活動などにとっての環境としての知的財産制度の整備・改善に今まで以上に積極的に取り組むことが重要といえます。

例えば、アジア太平洋地域において、ＴＰＰ協定（環太平洋パートナーシップ協定）やＲＣＥＰ（東アジア地域包括的経済連携）などの枠組みを活用しながら、審査の基準や手続、紛争処理などに関する制度の連携や調和を進め、日本の知的財産システムとの連携、日本の審査結果の外国の当局での活用などを具体化するなどして、企業にとっての負担やコストを軽減し、実質的に制度の国境をなくしていきます。そうすることで、日本での出願や権利の取得の効力がグローバルな市場に迅速に行き渡るように取組みを加速化するのです。その際に、欧州にみられる欧州特許制度は、重要なモデルとなり得る具体的な事例といえます。

したがって、まず、特許庁をはじめとする国においては、これまでの取組みの成果を引き続き検証しながら、グローバルな市場における日本の企業、地域、大学・研究機関などによる知的財産の活動をより的確に把握し、より深く洞察し、ニーズをさらに引き出す努力を重ねることが非常に重要です。そして、二国間や多国間の協議や交渉を通じて、知的財産制度の整備・改善に今まで以上に積極的に取り組むことが重要といえます。企業の国際競争力の強化など日本の知的財産の活動に貢献するものとして、知的財産制度の整備・改善が進むことを大いに期待しています。

《参考文献》

〔第１章〕

角田政芳・辰巳直彦『知的財産法　第7版』有斐閣アルマ、２０１５年
小泉直樹『知的財産法入門』岩波新書、２０１０年
特許庁『産業財産権制度入門』
加戸守行『著作権法逐条講義　六訂新版』著作権情報センター、２０１３年
吉田大輔『著作権法を考える10の視点』出版ニュース社、２０１５年
弁護士知財ネット（編）『実践 知財ビジネス法務』民事法研究会、２０１０年
荒井寿光『知財革命』角川ＯＮＥテーマ21、２００６年
荒井寿光・馬場錬成『知財立国が危ない』日本経済新聞出版社、２０１５年
馬場錬成『大丈夫か 日本の特許戦略』プレジデント社、２００１年
藤原綾乃『技術流出の構図　エンジニアたちは世界へとどう動いたか』白桃書房、２０１６年
渋谷高弘『中韓産業スパイ』日経プレミアシリーズ、２０１５年

〔第２章〕

福沢諭吉「西洋事情　外編　巻之三」『福沢諭吉著作集第1巻　西洋事情』慶應義義塾大学出版会、２００２年
高橋是清（上塚司編）『高橋是清自伝（上）（下）』中公文庫、１９７６年

石井正『歴史のなかの特許―発明への報奨・所有権・賠償請求権』晃洋書房、2009年
木原美武「米国プロ・パテント政策の検証」『知財研フォーラム』Vol.39、1999年
岸宣仁『特許封鎖―アメリカが日本に仕掛けた罠』中央公論新社、2000年

〔第3章〕
二村隆章・岸宣仁『知的財産会計』文春新書、2002年
岸宣仁『知財の利回り』東洋経済新報社、2009年
ヘンリー幸田『なぜ、日本の知財は儲からない　パテント強国アメリカ 秘密の知財戦略』レクシスネクシス・ジャパン、2013年
泉谷渉『なぜ特許世界一の日本が国際訴訟で苦戦するのか?―情報漏洩、知財権の徹底防衛、外国法対策が日本の生命線だ!』東洋経済新報社、2014年
知的財産活用研究所（編）・矢間伸次（編著）『このままでよいのか 日本の「特許明細書」』知的財産活用研究所、2013年
長谷川曉司『御社の特許戦略がダメな理由』中経出版、2010年
ダニエル・マクドナルド（佐々木隆仁・杉浦和彦編・訳）『NPE訴訟と新知財戦略　日本企業が米国式特許ビジネスで成長するために』幻冬舎ルネッサンス、2013年

〔第4章〕
岡田依里『知財戦略経営―イノベーションが生み出す企業価値』日本経済新聞社、2003年

渡部俊也『イノベーターの知財マネジメント 「技術の生まれる瞬間」から「オープンイノベーションの収益化」まで』白桃書房、2012年
小川紘一『オープン&クローズ戦略 日本企業再興の条件』翔泳社、2014年
米倉誠一郎・清水洋（編）『オープン・イノベーションのマネジメント―高い経営成果を生む仕組みづくり』有斐閣、2015年
星野達也『オープン・イノベーションの教科書―社外の技術でビジネスをつくる実践ステップ』ダイヤモンド社、2015年
鷲田祐一『デザインがイノベーションを伝える―デザインの力を活かす新しい経営戦略の模索』有斐閣、2014年
カル・ラウスティアラ、クリストファー・スプリグマン（山形浩生・森本正史訳）『パクリ経済―コピーはイノベーションを刺激する』みすず書房、2015年
マーク・ブラキシル、ラルフ・エッカート（村井章子訳）『インビジブル・エッジ』文藝春秋、2010年
フレッド・ボーゲルスタイン（依田卓巳訳）『アップルVS.グーグル― どちらが世界を支配するのか』新潮社、2016年
角川歴彦『グーグル、アップルに負けない著作権法』角川EPUB選書、2013年
上野剛史「IBMの知的財産戦略―ビジネスへの貢献―」『知財管理』Vol.64 No.4、2014年
稲森和夫・山中伸弥『賢く生きるより辛抱強いバカになれ』朝日新聞出版、2014年
馬場錬成『大村智―2億人を病魔から守った化学者』中央公論新社、2012年

《さ行》

索 引

《A～Z》

《あ行》

《か行》

【著者紹介】

羽藤　秀雄（はとう　ひでお）

前特許庁長官。

1981（昭和56）年 通商産業省入省。

フランス国立行政学院（ENA）外国人学生課程修了。

基礎素材、情報、資源エネルギー、国際経済、新規産業、技術開発、消費者行政などの多様な行政分野を担当。金融庁の企業開示参事官、消費者庁設立時の初代審議官などを務め、2013(平成25)年特許庁長官に就任。

2014(平成26)年退官。株式会社国際社会経済研究所特別研究主幹を務めた後、現在は、住友電気工業株式会社顧問。

平成28年 6 月20日　初版発行　　略称：知的財産

知的財産・知的財産権・知的財産戦略

著　者　©羽 藤 秀 雄
発行者　中 島 治 久

発行所　**同文舘出版株式会社**
東京都千代田区神田神保町 1 -41　〒101-0051
営業（03）3294-1801　編集（03）3294-1803
振替 00100-8-42935　http://www.dobunkan.co.jp

Printed in Japan 2016　　製版：一企画
印刷・製本：三美印刷

ISBN978-4-495-38691-7